婚嫁礼俗

【中国民俗文化丛书】

刘魁立　张　旭　主编
刁统菊　著

中国社会出版社

图书在版编目（CIP）数据

婚嫁礼俗/刁统菊著．—北京：中国社会出版社，2007.10

（中国民俗文化丛书/刘魁立，张旭主编）

ISBN 978-7-5087-1944-3

Ⅰ．婚…　Ⅱ．刁…　Ⅲ．婚姻—风俗习惯—中国　Ⅵ．K892.22

中国版本图书馆 CIP 数据核字（2007）第 157192 号

丛 书 名：中国民俗文化丛书
主　　编：刘魁立　张　旭
书　　名：婚嫁礼俗
著　　者：刁统菊
策划编辑：李春园
责任编辑：李春园

出版发行：中国社会出版社　　　　邮政编码：100032
通联方法：北京市西城区二龙路甲 33 号新龙大厦
电　话：(010)66051698　　电　传：(010)66051713
邮购部：（010）66060275
经　　销：各地新华书店

印刷装订：中国电影出版社印刷厂
开　　本：155mm×205mm　16 开
印　　张：16
字　　数：100 千字
版　　次：2008 年 1 月第 1 版
印　　次：2008 年 1 月第 1 次印刷
定　　价：25.00 元

中国民俗文化丛书编委会

序

中国民俗学会会长　　刘魁立

人生活于文化之中，正像人离不开空气一样。《周易》说：“观乎天文，以察时变；观乎人文，以化成天下。”无论汉语“文化”一词是否由此而来，这段话至少说明，我们的祖先向来对文化的重要性有十分清楚和极其深刻的理解。文化确乎是人之所以成为人、人类之所以成为人类的根本标志。人创造了文化，文化也创造了人，从这个意义上也可以说，人是文化的动物。

从文化本身来说，相当长一段历史时期的传统文化可以粗略地、也是相对地划分为两大分流，即所谓上层文化（或称高层文化、雅文化、精致文化……）和下层文化（或称基层文化、底层文化、低层文化、民间文化）。

民间文化是人民群众创造的最古老的文化，因为它的根源可以追溯到人类发展的初始阶段；民间文化同时也是最年轻的文化，因为它仍然活生生地存在于人民的日常生活和口碑之中。民间文化还是整个社会文化的基础，并且具有极强的生命力。上层文化往往是对民间文化选择、改造和精致化的结果。

民间文学、民间艺术是民间文化中最富色彩的一个组成部分。它在人类创造的一切艺术中，生命最活跃，涉及最广泛。它以古朴纯真的艺术手段，反映着人民群众的现实生活、理想和追求。它的无数珍品，是当之无愧的美的典范。没有了它，人类将失去多少童真的回忆；没有了它，人类的爱祖国、爱家乡将会缺少多少实际可感的具体内容；没有了它，人类的欢乐、悲伤也将变得干枯而平淡；没有了它，人类将会失掉多少生活的甘美和幽默……

万家社区图书室援建和万家社区读书活动，是建设社会主义文化和建设社会主义新农村的一项战略举措。我们作为受到农民兄弟哺育和培养的知识界、文化界，有义务用学来的知识回报衣我食我的广大农村的父老乡亲，这不仅是我们的社会责任，也是我们的荣耀。

中国民俗学会在这项重要活动中，承担有关中国民间传统文化的约 50 种图书的撰写工作，我们组织了学养很高的包括大批教授、研究员在内的专家队伍，来完成此项写作任务。他们在相关领域里，学有所长，业有专攻，所有作者都以光荣志愿者的精神，以科学严谨的态度，用生动活泼的文字，把相关的准确而丰富的知识，呈献给农民兄弟和城镇社区的读者。完成这项具有重要意义的写作编书任务，是我们人生当中一件值得骄傲、值得自豪的事情。

中国民间文化是世世代代锤炼和传承的文化传统，其中凝聚着民族的性格、民族的精神、民族的真善美，是中华民族彼此认同的标志，是祖国同胞沟通情感的纽带。历史悠久、内涵丰富的传统文化也是我们中华民族对人类文化多样性发展的巨大贡献。急遽变化的时代在淘洗着传统的民间文化。在当今时代，我们尤其有必要对我们丰富淳厚、历史悠远的民俗传统立此存照，将其中的优秀部分及其真谛展示给包括农民兄弟在内的广大民众，使他们对中华大地、对祖国同胞、对优秀的文化传统和淳厚的民俗民风怀有更深刻的眷恋、热爱和崇敬。继承和发扬中华民族创造的非常丰富而优秀的非物质文化遗产，是我们的幸事，也是我们的历史责任。

我希望在大家的共同努力下，民间文化之花越开越鲜艳，为我们祖国、为我们中华民族赢得一个永恒的春天。

目录

前言

人的生命周期中，需要经历四个重要关口：出生、成年、婚姻、丧葬，相关的仪式被统称为“人生仪礼”。其中，婚姻被人们称做“人生大事”。早在周代，人们对婚姻就非常重视。中国传统婚姻的特征首先强调的是家族延续和家族外交。《礼记·昏仪》曰：“昏礼者，将合二姓之好，上以事宗庙，而下以继后世也，故君子重之。”这个经典的关于婚姻的定义，简明精辟地诠释了传统婚姻的核心价值：通过联姻来建立两个家族的良好关系，对上要靠它传宗接代、侍奉宗庙；对下要靠它生儿育女，以接续家族血统。可见古人早已认识到婚姻的重要性，并且当时人们就已经形成了约定俗成的礼仪。夫妇结合，只要是通过了这些礼仪的，其婚姻就获得社会的认可，具有了社会性的合法地位和正当性。

夫妇结合要通过的礼仪，在周代即已确立。古代记载婚姻礼仪的典籍很多，但记载最为完备的当数《仪礼》和《礼记》。在这两部典籍中，古人把结婚的程式进行归纳总结，分为六个阶段，每个阶段都规定了相应的礼仪规范，这就是通常所说的婚姻“六礼”。

按照《仪礼·士昏礼》和《礼记·昏仪》的记载，古代的六礼包括“纳采”、“问名”、“纳吉”、“纳征”、“请期”、“亲迎”六个部分。“纳采”是六礼的第一礼，男方要与女方结亲，要请媒妁向女方提亲，得到应允后，再请媒妁带上一只雁正式向女家纳“采择之礼”，表示求婚。“问名”，乃六礼中第二礼。所谓问名，即男方遣媒人到女家询问女方姓名及其生辰八字。“纳吉”是第三步，说的是男方取回女子的庚帖以后，带到宗庙中进行占卜，以获得祖先的认同。从占卜的结果可以判定男女二人的结合是否能给家族带来好运。若能得到一个好兆头，则请媒人带着雁到女方家中，表示订婚。第四步是“纳征”，也叫“纳币”。男方纳吉后，得知女方允婚，才可行纳征礼。这一礼仪不须用雁，也是六礼中唯一不用雁的礼仪。礼物包括三种，一是衣物，二是布料，三是鹿皮。第五步是“请期”，也称“告期”。男方选择吉期，派遣使者带雁通知女方，征求女方的意见。女子的父亲同意以后，使者返回复命。最后一步是“亲迎”，也就是新郎亲自到女方家中迎娶新娘。

后来，很多礼教经典和史书对“六礼”作了解释和演绎。历代（至迟在唐代）的“户婚律”都以“六礼”为基本内容，勘定婚姻条文。因而“六礼”很早就已成为一种统一的、流行于上层和民间的婚姻仪式，至今已流传了两千多年。比如在清末，陕西的很多地方，婚姻嫁娶都还基本上按照“六礼”的形式在进行①。

纵观古今，“六礼”以它顽强的生命力，影响着历代的婚姻形式。随着社会的发展，“六礼”虽然仍为结婚程序的典范，但其名目和内容已经有了很大的变动。以下分别来阐述之。“六礼”的第一礼是“纳采”。是男方家长请媒人带上礼物向女方求婚的礼仪，现在被称为“提亲”或“说媒”，各地还有多种不同的说法。第二礼是“问名”。人们现在已演变为“合八字”。媒人问清女子的姓名及生辰八字，由男方进行占卜，占卜的方式在各地有较大的差异。男女八字“相合”或“相冲”，可以决定婚事是继续进行还是至此中断。第三礼是“纳吉”。男方卜得男女八字相合，便备礼到女方家里订婚。这一仪式在许多地方被称为“小订”，即初步落实双方联姻的意图。第四礼是“纳征”。俗

---

① 刘昌安：《婚姻“六礼”的文化内涵》，《汉中师范学院学报》，1994 (2)。

称“大聘”。其仪式要比纳吉礼仪隆重，礼物也非常厚重。礼物从以实物为主发展到今天有完全采用钱币的形式，叫做“彩礼”、“聘礼”。第五礼是“请期”。由男方初步确定吉日，并告知女方，征求女方的意见。现在许多地方的“请期”实际上是双方磋商迎亲日期，于男方而言是“提日子”，于女方而言则是“定日子”。最后一礼是“亲迎”。接新娘的形式已发生较大变化。新郎在迎娶之日亲自到女方家中迎接新娘，称“迎亲”；由男方派遣使者前去迎接新娘，而新郎在家中等待，叫“等亲”；若女方直接把新娘送来，则称“送亲”。

概括来说，六礼发展到今天，主要分为三个阶段，即议婚、订婚、迎娶，但从具体程序来看，仍是沿着传统的“六礼”传承、变异而来。有些地方也发生了一些变通，或借势扩展，或化繁为略，形成了繁复琐碎或简约便捷的风格。

依据“六礼”聘女娶妻的嫁娶形式，被称为“聘娶婚”，这是我国从古至今广泛采用的标准结婚方式。六礼所规定的基本程序，也是具有普遍性的“聘娶婚”所采取的结婚程序。但聘娶婚并非唯一的婚嫁模式，当然，若从总体观照，一般是男子以聘而娶，女子因聘而嫁；个别地方也有例外，那就是男子出嫁，女子娶夫。如畲族聚居区，出嫁的不是穿着绣花衣衫、羞容娇态的新娘，而是春风满面、身强力壮的新郎。男子出嫁，有些地方叫招儿子，可是又和汉族男子的上门入赘完全不同，所以不能相提并论。一个畲族家庭，即便有三儿四女，他们的父母同样可以为女儿娶个新郎回来。嫁出去的男子，并非因家境困难、兄弟较多等原因，富有的人家或是独生儿子，一样可以嫁出去。男子上门之后，不会受到亲邻的歧视。他和妻子家里的兄弟姐妹享有同等权利，担负相应的义务。男子出嫁与姑娘出嫁的礼仪基本相同，但在解放前，女子出嫁要坐花轿，男子出嫁则步行。在聘礼上，娶新郎要比娶新娘还重。娶新郎的人家，除了给男方家里送去一般的农具、衣服和食物，还得拿出一笔钱，送给公公、婆婆，作为给男方父母的养儿金、养老金①。

广西阳朔壮族有“半夜嫁男”之俗。男人出嫁不在白天，而要在下半夜出门，故当地有“白天嫁女，半夜嫁男”之说。新郎出嫁的前一天，女方派三个到五个男青年组成

① 傅良基：《畲家婚俗》，《中央民族大学学报》（哲学社会科学版），1984(4)。

"接郎队"去接新郎，当晚住在男家。到下半夜鸡啼起床接郎，男方也派三个到五个男青年组成"送郎队"，送新郎出嫁。婚后第二天，新郎跟送郎队"回门"。21天以后，新娘亲自到新郎家去接新郎回来，此后夫妻就一起过日子[①]。

以上男娶女嫁和男嫁女娶的仪式，都是所谓的"明媒正娶"的仪程。还有一些特殊的议婚方式和特殊的婚姻形态，如童养媳婚礼和寡妇改嫁仪式，均不会按以上程序进行。

我国各地的聘娶婚在仪式上具有类似之处，主要体现在基本的婚俗结构上面，比如一般都不会脱离议婚、订婚、迎娶几个大的步骤。但说到具体的程序，却又体现出比较复杂的特征，如阶层的差异、地域的区别、民族的特色。

先来看阶层的差异。六礼产生于西周，最初本来就是为贵族专门制订的，对平民并没有严格要求。历代的地方志对婚俗的描述是单一的，看起来好像不同的阶层所行的婚礼是完全相同的。实际上，发展到今天，阶层的差异在婚俗中同样存在，有"豪华婚礼"，也有"草草成礼"。传

---

① 广西壮族自治区地方志编纂委员会：《广西通志·民俗志》，广西人民出版社，第243页，1992。

统的结婚程序仍是每一个阶层都要遵守的，只是具体仪式是简单还是繁复，所用物品是朴素还是奢华，都体现出不同阶层在婚俗方面的差异来。如青海藏族的陪嫁，过去富有人家多以骏马、牛羊、土地及各色锦缎、珍贵饰物等为女儿陪嫁，而家境贫寒者则送给女儿几件衣服就算做嫁妆[①]。现在，山东一些地方订婚时流行所谓的“万里挑一”，男方若是家境优裕，通常会送给女子10001元钱，甚至还有其他礼物。而家境一般的男子，则选择1001元钱，表示“千里挑一”，同样也是好兆头。

再来看地域的区别。民间一些观念、禁忌常常贯穿在具有象征意义的衣物、言语中，通过一些具体的日常仪式表达出来。这些具有象征意义的衣物和言语受到各地方言、自然、地理环境的影响，结果往往会导致具体的仪式在各地表现出不同的形式。同样一个仪式，即使名称相同，具体操作起来也有很大的差异。比如山东威海地区，一对新人喝过交杯酒后，新娘要吃一碗海蛎子、一碗老板鱼，意思是“立子”和“相伴到老”[②]。这种习俗在内陆地区是看

---

① 芯慷：《青海藏族婚俗文化》，《青海民族研究》，1996（2）。

② 山曼：《山东民俗》，山东友谊出版社，第198页，1988。

不到的。再比如坐福习俗，新人拜完天地，即被送入洞房，之后新娘要在床上静坐一会儿，俗称“坐福”。这种习俗，在各地有不同的表现形式。东北地区的年轻人结婚，新媳妇要坐在炕中间陪嫁的被褥上，被褥里放着一把木斧或者用纸剪成的斧头，人们管这叫“一福（斧）压百祸”。陕西韩城一带，新娘坐福，坐的是萝卜，并且当晚要用这些萝卜做成馄饨由全家人吃掉，据说这样可使新娘早日生下儿子。安徽地区，则是新郎、新娘共同坐福，新郎要喝糖水，新娘一般仅仅沾湿嘴唇。福建也是新郎、新娘进入洞房，双双并坐床沿，却没有喝糖水这一个项目。

结婚的基本程序大体类似，而表现出地方差异的，往往是具体的习俗形式。但是，随着经济、文化的发展，人们交往的增多，传播媒介的影响和通婚范围的扩大，婚俗也发生着极大的变异。因此，一些地方的民俗呈现出极为复杂的样貌。比如，在广阔的西北地区，许多居民是历朝历代从各个不同的地区迁徙而来，他们带来了当地的风俗习惯，又融合了西北土著居民的习俗，因此这里的婚俗呈现出复杂多样的状态①。

---

① 高启安：《西北地区汉族婚俗漫谈》，《丝绸之路》，1994（1）。

一方面，是一些地方因地而变，形成了婚俗文化的地域特色；另一方面，一些民族也保持了自己在婚姻习俗上的民族特色。比如后藏岗巴人的婚俗是比较典型的藏族婚俗，娶亲有四道必经的程序：说亲——迎亲——婚礼——回门。乍一看来，这四道程序与多数地方相比没有任何不同，很多民族娶亲都有类似的程序。其实，它的特别就在于每一道程序的具体过程都有独特之处。现在，有些地方的民族特色已经出现了弱化的势头。受汉族文化的影响，彝族青年男女的择偶标准也出现了一些变化，“门当户对”观念不再那么受重视，父母包办婚姻的现象也越来越少，婚嫁程序上渐渐彝汉趋同，包含了说媒、订婚、迎亲、回门等常规程序①。

从历史的角度来看，婚嫁礼俗因时、因地、因人演变，时至今天已经发生了许多丰富多彩的变化。目前，信息技术和知识经济的飞速发展正在迅速地改变着世界的面貌。与传统社会相比，民俗文化在新的社会历史条件下，发生了极大的变化。但是就我国农村来看，经济的发展还没有

① 胡翠菊：《从姚安马游彝族婚俗变化谈彝汉民族融合》，《楚雄师范学院学报》，2004（1）。

使农村完成从传统乡土社会到现代社会的转型；婚俗在发生变异的同时，也保持了相当的稳定性。

变异之处，主要体现在现当代婚礼与传统六礼的标准样式的差距逐渐增大。例如订婚、迎娶仪式趋向简单，订婚分为“小订”和“大订”的，往往被合而为一；婚礼形式渐渐多样，农村中偶尔也能看到旅游结婚的新风尚；婚姻论财之风也大大盛于从前，大肆操办婚礼的风气日渐炽盛。总体来看，婚俗文化发生的变化更多地体现在表层现象上面。比如嫁妆的内容越来越多地和现代社会的发展关联了起来。

婚俗的稳定性主要体现在深层观念上面，深层观念可谓是变化缓慢。人们举办婚礼，仍会考虑诸多的禁忌，无论是吉期的选择还是仪式的具体执行，求吉的心理仍然延续下来。虽然传统的“包办婚姻”随着社会、历史的发展趋于消失，代之而起的是青年人的自由恋爱（有时拉来一个媒人，也只是为了满足仪式的需要而已），但仍然是父辈掌握具体仪式的实施，而老人身上又铭刻了更多更深的传统的烙印。因此，这样所举办的婚礼当然以传统婚俗为主。我们可以预测，婚姻民俗的变迁在未来相当长的一个时期内仍以渐变为主，维持着一个基本的模式，不可能在骤然之间变得面目全非[①]。

有鉴于此，本书取名《婚嫁礼俗》，主要介绍的是我国农村的婚嫁礼俗。叙述框架大体限定在当代历史时空之中，以20世纪下半叶至21世纪初期仍能看到的婚俗事象为叙述主体。着重于描述两类现象：第一是生活中已经有所淡出、被极少一部分人遵循的民俗，这一部分民俗更多地存活在人们的记忆、口碑当中，也是民俗的一种留存状态；第二是本书着墨最多的部分，是那些在生活中依旧被人们传承、享用或有所调整的活生生的民俗。婚俗模式上，主要是以聘娶婚的婚嫁仪式为主，另外也会辟出专章简单介绍其他几种婚姻模式。

我国地域辽阔，民族众多，历史悠久，再加上南北交融、东西交流，民俗文化的丰富多彩自不待言。以笔者的学力、学识，很难以数万言说尽我国的传统婚嫁礼俗。从横向的地域上来说，难以介绍全面；而从纵向的角度而言，也无法顾及完全，因此本书呈现的只能是一般的婚俗面貌。

---

① 刁统菊：《红山峪村婚姻民俗的调查与研究》（1950—2001），《山东大学硕士学位论文》，2002（6）。

第一章

议 婚

婚姻是社会再生产的基础，人们一直把结婚看做一件人生大事，民间有把男子娶妻叫做“小登科”的习惯。议婚，是择偶的第一个步骤，也是两个联姻家庭之间全面接触的开始。过去，汉族男女结亲，自由恋爱者极少，多是遵从“父母之命，媒妁之言”，因而在议婚阶段，媒人往往起着非常重要的作用。《礼记》载有“男女无媒不交”，现在民间仍有“中间无媒事不成”的说法。议婚其实就是由媒人往返于男女两家之间，商量缔结婚姻关系。“男大当婚，女大当嫁”，但过去子女到十二三岁甚至尚在襁褓、儿童时期，父母就开始张罗说亲。现在《婚姻法》深入人心，包办婚姻的现象已很少见到，自由恋爱的风气也是非常普遍。同时，早婚被禁止，晚婚晚育得到提倡。

成年礼与恋爱习俗

一、成年礼

当青年男女到达一定年龄以后，就可以进入择偶阶段。不管是通过媒人介绍还是自由恋爱，取得恋爱、结婚的权利之前，必须经过一个成年的仪式，这就是成年礼。成年礼是青少年步入成人社会的标志，是其人生道路上的重要标志之一。正如山西俗语所说，“男过十三，磨肠研肩；女过十三，会做吃穿”，经过了成年礼，个人才能逐渐走向成熟，从此他（她）可以进入爱情生活，承担起家庭和社会所赋予的权利和义务。并且，由于长大成年以后，社会对男孩和女孩的责任有不同的要求，因此仪式的形式和内容差异极大，形成了各地形形色色的成年礼。

汉族历史上曾有男子二十岁行冠礼、女子十五岁行笄礼的习俗。女子十五岁所行的笄礼，是古代汉族女子成年时举行的礼仪。现在，女子出嫁也要举行成年礼，其仪式一般是出嫁前由“全福人”为其“绞脸”、“上头”。“绞脸”亦称“开脸”，即清除脸上的汗毛并整修眉毛，从此姑娘不再被叫做“毛毛女”；“上头”是将头发挽起，用发网套住，别上钗笄。开脸和上头是普遍流行的女子成年礼仪。

男子的成年礼在《礼记》中有详细的记载，其仪式十分隆重。先要选好吉日良辰和主持仪式者，给冠者加冠三次，称“缁布冠”、“皮弁”和“爵弁”，分别象征冠者从此可以治人、服兵役、参加祭祀。但古代的冠、笄礼早已消失，在华北地区还可见到其遗风流韵，不过大多与养育习俗或婚礼合而为一。如山东举行成年礼的时间多在临娶前一天，形式是新郎换上新装，鼓乐相随绕村挨户行礼，称为“行家礼”。东平把这种仪式叫“告冠”，男子行礼的对象是亲戚朋友，而亲戚朋友送礼称“冠敬”。泰安、东阿则直接以婚礼为冠礼，即婚娶为成人，未婚为童子[①]。华中地区的成年礼也有和婚礼结合起来的习惯。如湖北多在过礼（即履行订婚仪式）的当天晚上，男家为新郎举办待郎酒，女家为新娘举办待嫁酒，以庆祝两个青年人可以进行婚配。由此可以看出，待郎酒和待嫁酒实际上也具有成年礼的意义。

成年礼大多和婚礼合而为一，是华北许多地方的习俗。不过，山西的成年礼和华北其他地方有显著的不同。山西

① 山曼：《山东民俗》，山东友谊出版社，第187—188页，1988。

各地都流行给孩子过十二岁生日，叫“大生日”，有“开锁”仪式。柳林一带的开锁仪式是，孩子要坐在笸箩里，嘴里咬着烧饼，头顶一把雨伞，手里拿着大铲或铜钹，让亲友围观。所用之物都是圆的，象征孩子圆满成人[①]。临汾一带，人们将老式的铁轱辘大车装饰成华丽的彩车，孩子坐上它上街游行，郑重地向人们宣告，他已经成为社会的正式一员[②]。

作为一种通过仪式，成年礼特别具有“过关”的含义。陕西延安的成年礼就被称为“关礼”，是一种象征性的考验方式。接近成年的少年在庙会时期要去过铡刀关。他们身系草绳，怀抱公鸡，先将公鸡从铡刀下抛过，然后自身从铡刀下穿过，掌刀人按下铡刀，铡断其拖带的草绳，表示过关，从此他就算是步入成年社会[③]。

闽、粤、台民间，自古至今有一种有趣的成年礼俗——“牵出花园”，在每年的农历二月或八月举行。有些人家要宴请亲友，家长破例让出了花园的孩子坐“大位”，

---

① 白占全：《吕梁民俗》，北岳文艺出版社，第20页，1998。

② 温幸、薛麦喜：《山西民俗》，山西人民出版社，第11页，1991。

③ 陈冀京：《成人仪式趣谈》，《青年探索》，1996（1）。

象征他（她）已成家中栋梁。席间，亲友要向孩子传授处世经验，对他们谈些勉励上进、恪守道德之类的教诲[①]。台湾南部还有一种奇特的成年礼，叫做“做十六岁”。台湾民间俗信中，相信孩子在未满十六岁以前都是由天上的仙鸟“鸟母”所庇护长大的。鸟母即是“七娘妈”（七星娘娘），亦是孩子的守护神。孩子生病或逢七娘妈诞辰（七夕）时，还要到开隆宫去祭拜。等到孩子满十六岁那年的七夕，再准备牲礼、面线、粽类及一座楼阁状的纸扎七娘妈亭盛祭。祭拜后由父母或长辈高举起七娘妈亭背对庙门，让孩子由后往前钻亭下绕三圈，男向左绕，女向右绕。少男代表“出鸟母宫”，少女代表“出婆妈”，以此标志着他们长大成人。祭祀以后，要焚烧纸钱、感恩状，以及印有衣服模样的金纸；同时还要将七娘妈亭丢入“金炉”中，焚烧还给七娘妈。此后，将挂在头上的古钱或银锁片拿去，叫做“脱券”。当日还要在家中床边祭祀床母，并设席宴请亲朋好友庆祝一番。孩子的外婆家也要赠送礼物，过去多是穿戴之物或食品，现在据说还有用红包来当贺礼的[②]。

---

① 常发：《独特的成年礼——牵出花园》，《现代交际》，1996（1）。

② 苏素卿：《“做十六岁”的成人礼——以台湾台南市开隆宫的活动为例》，《民俗研究》，1998（1）。

少数民族的成年礼更是异彩纷呈。由童年发式改换为成年发式，是小凉山彝族女子和藏族姑娘成年与否的标志。白族的穿耳洞则是十三岁至十五岁的少女必须履行的人生礼仪。布朗族即将成年的男青年要互相帮助染齿，经过染齿才算进入成年。独龙族女孩长到十二三岁时，要按照老传统接受“纹面”。普米族儿童在十三岁时举行“成丁礼”，男要穿裤，女要穿裙。瑶族男子经过度戒仪式，接受诸多考验之后才能走进爱情生活。基诺人的成年礼是对成年男子进行教育，包括民族历史、道德规范以及生产生活经验。贵州岜沙村寨的男孩蓄发表示成年；

满十六岁穿着新衣的女孩在感谢七娘妈的保佑

而女孩于秋收之后，完成理纱这一活动即表示她完成了成年礼，因为这象征着她学会了纺织的整个工艺，可以独立承担一家全部衣饰的女红技艺①。哈尼族男孩、女孩长到十四五岁时，父母会在住房旁边盖一间“小房子”供其单独居住，这就是孩子成人的标志。除上述诸种形式外，颇有趣的是有的民族则是以得到青年组织接纳的形式来象征成年。如德昂族少女年满十四五岁时，女青年组织的头目“首包别”就会送给她一小包茶叶，邀请她参加社交活动。凡收到茶叶的少女参加了首次社交活动后，就等于向社会宣布她成人了②。

随着社会的发展，一些地区的成年礼也在发生着变化，主要是程序有所简化，仪式趋于简单。河南林县一般将十五六岁的孩子即视为成年。过去，成丁仪式一般有筮日、加三冠、三易礼服、饮丰酒、受新名、以成人资格见长辈等六道程序。20世纪50年代以后，六道程序的规矩已被突破③。

---

① 吴佺新：《邑沙成年礼：社会性别暗示和资源支配期待》，《贵州农业科学》，2005（3）。

② 金少萍：《云南少数民族女子成年礼探微》，《思想战线》，1999（2）。

③ 李金生：《林县民俗志》，黄河文艺出版社，第212页，1988。

进入现代社会，我国也产生了新形式的成年礼，经常由各地共青团组织统一举行。十六岁至十八岁是人的一生中非常重要的阶段。按照我国宪法和法律的有关规定，年满十八岁就意味着步入成年，将依法享受全部的公民权利，并承担全部的公民义务。各地共青团组织开展“十八岁成人仪式教育活动”，通过公民意识教育、预备期志愿服务和成人宣誓仪式三个环节构成了一个系统完整的教育过程，目的是培养学生主体意识、公民意识，增强社会责任感，顺利完成人生重大转变①。

有些地方把每年五月第一周周末作为“成人节宣誓日”。节日里，共青团组织搞各种主题教育活动，通常采取参观访问的形式，内容包括国家制度、革命传统、法律知识、世界风情、科技、外交等方面。成人节那天，政府为满十八岁的学生举行十分隆重的宣誓仪式，各界代表及学生的父母前往祝贺。这种别具一格的教育方式令青年终身难忘②。

---

① 金少萍：《云南少数民族女子成年礼探微》，《思想战线》，1999（2）。

② 李金生：《林县民俗志》，黄河文艺出版社，第212页，1988。

二、恋爱习俗

恋爱习俗方面，有比较明显的民族差异。许多少数民族规定，经过了成年礼，青年男女就可以进入恋爱阶段了。多姿多彩的恋爱习俗中，“对歌”是最具普遍性的择偶方式。从这个角度来说，山歌也就是青年男女的媒人了。云南文山苗族男女青年常常在一年一度的花山节上以歌觅偶；藏族十六七岁的男女在放牧时唱“拉伊”是男女之间互相接触的主要形式；白族和湘南瑶族青年男女的婚恋，大都以日常劳动、赶集、节日活动及赶庙会为契机，利用山歌谈情说爱；侗乡选择情侣的方式称“花园会友”、“行歌坐月”，也是以对歌为主。

畲族是能歌善唱的民族，素有“畲族生来爱唱歌”之说。青年男女往往以山歌为媒，对歌是选择配偶的主要形式之一。他们所唱的这类民歌，畲民叫“情歌”，也有的叫缔结姻缘的“缘歌”。在赶集的大路上，在清澈的溪涧边，在田间耕种、在亲戚朋友家里玩耍时，互不相识的青年男女相见之后，都会唱起情歌来，大胆直率地试探对方。有时是男的主动，更多的却是姑娘首先发问。小伙子试探时唱道：

少娘十八一枝花，蜜蜂飞来密麻麻，

有心来采花中蜜，请你少娘作回答。

姑娘要是愿意和他交朋友，回答时也是十分坦率的：

十五月子亮光光，郎到二十好订娘，

托个媒人到娘寮，有情总会配成双。

通过山歌对唱，选择了自己称心如意的情侣，以后的托人说媒，只不过是一种走走过场的形式罢了，一个幸福美满的小家庭，很快就会建立起来[1]。

除了以山歌作为男女青年择偶的媒介以外，还有其他各具民族特色的择偶形式。彝族阿细人通过公房或跳月这个媒介来选择恋爱的对象；阿昌族和佤族青年谈恋爱的方式叫做“串姑娘”；云南德昂族村寨的小伙子用槟榔试探姑娘对他是否有意，而蒙古族姑娘则在那达慕大会上通过手绢传达对获胜的小伙子的情意；滇南的布依族青年交往一般采取“唱花歌”的形式，而贵州镇宁扁担山的布依族喜欢通过赶集来结识异性；黔东南苗族村寨谈情交友的方式叫“游方”，要遵循一定的规则，违犯了规则就会遭到人们的非议和干涉。

---

① 傅良基：《畲家婚俗》，《中央民族大学学报》（哲学社会科学版），1984（4）。

而在汉族聚居区，在20世纪50年代前，将要结婚的两个青年人根本没有机会见面，联姻全凭媒人介绍。媒人不仅是选

阿细跳月

择配偶的一种方式，更是唯一合适的方式。但是，随着社会的发展，各民族、各地域的联姻方式发生了很大变化。原来全靠媒人搭桥牵线的地方，也给予了年轻人自由恋爱的权利，父母包办婚姻的现象已很少见。一般是经人介绍，青年男女互相有意就进入恋爱阶段，有些地方将此

苗族青年的“游方”

称为“谈朋友”、“谈对象”、“搿（gé，两手合抱，引申为结交）对象”。也有一些青年男女先“自谈”（自由恋爱），再告知父母，以后或许为了满足仪式的需要临时邀请一人担任媒人的角色。少数民族的传统恋爱习俗也在发生着变化。如黔东南的苗族村寨，过去青年男女主要通过“游方”的方式谈情说爱，现在恋爱方式朝着多样化方向发展。通过生产劳动互相接触或者在看电影时也可以彼此了解，加深感情。活动已不局限于夜晚在山坡上进行，在一些比较开放的地区“游方”也不再是青年男女恋爱的重要方式，电影院等娱乐场所成为他们恋爱的理想地点[1]。

择偶观

一、通婚范围

通婚范围，也就是男女青年在择偶时可以选择的对象的范围。各民族由于自己所处的自然、地理、社会环境不同，通婚范围方面也逐渐形成了民族特色。当然，随着《婚姻法》的进一步规范和实施，各民族的通婚范围特色可

---

① 杨昌萍：《徐海兵，黔东南苗族婚俗的变化》，《贵州师范大学学报》（社会科学版），2000（3）。

能会渐渐弱化。从目前来看，各民族在通婚范围方面，不约而同地有着多重标准，其中也有一些是大家共同遵循的。

（一）民族

从民族范围来看，某些少数民族在通婚上还存在某些限制。如土族人在过去一直坚持民族内婚和氏族外婚，南丹瑶族也有“鸡跟鸡，鸭跟鸭，瑶族不与外人打亲家”的说法。但也有一些民族不太考虑民族之间通婚的禁忌，如藏区的门巴族在婚姻方面就没有民族限制。目前一些少数民族在通婚上的民族限制已经逐渐放宽。过去侗族同姓之间严禁通婚，现在不同房族的同姓就没有这种限制了。同姓可以通婚是侗族历史上的一次重大婚姻改革，被称为“破姓开亲”①。

（二）血缘

血缘方面的限制，主要表现是同姓不婚。各地都有此禁忌，有些地方稍微宽松，过若干代以后允许通婚。如果同姓之间发生两性关系，有些民族就给予严惩。如云南佤族规定，同姓人若发生两性关系，被认为是大逆不道，会

---

①《侗族的婚恋习俗》，中国民俗网。

触怒“社神”，全寨人要罚他们进行“扫寨”仪式[①]。不过，目前此种禁忌已日渐松弛。

此外，为了保持关系较为亲近的亲戚之间稳定的伦理关系，通婚的两个青年男女之间要保持平等的辈分原则。一对有亲戚关系的青年男女，若辈分不同，是禁止结婚的。事实上，人们在缔结婚姻之初就竭力避免差辈，媒人在为人做媒时也会考虑到这一禁忌。

（三）阶层

不同社会阶层或等级之间一般不建立婚姻关系，只有社会地位类似的阶层才会联姻。这就是所谓的“门当户对”，华北地区有一句俗话将此叫做“板门对板门，秫秸门对秫秸门”。职业和阶层的联系决定了不同职业之间在联姻时也无法跨越阶层的鸿沟。陕西曾经有过不与吹手、轿夫、衙役、窃贼、娼妓、巫神、产婆结亲的限制，即使是前辈有过此类职业，也不与之结亲；同时也不与有狐臭的人家结亲，俗称“穷不扎根，臭扎根（遗传）”[②]。随着社会制度的变革、文明程度的提高，不仅阶层之间的通婚限制在许多地区均已

① 《佤族的婚俗》，《云南信息港》。

② 岳珑：《陕北婚姻习俗》，《华夏文化》，1997（2）。

消除，而且不同职业之间的相互对立也不存在了。

（四）地域

华北地区，人们喜欢在周围村庄为子女寻找配偶，俗谚曰“好骡子好马不出村”。人们喜欢村外婚，但是并不喜欢把女儿嫁得太远。边远山区尤其看重这点。由于交通不便，人们大多在附近村子间联姻，长辈一般反对女子远嫁，再加上平原女子不肯嫁往山区，渐渐形成在一定地域内通婚的习惯。交通条件有所改善后，通婚才逐渐打破地域界限。有些地方则恰恰相反，那就是不与本村的人通婚，若同村男女进行通婚，就会遭到人们的嘲笑。

随着社会的发展变化，男女外出务工挣钱的机会多了，相互之间的交往有了更多的机会和更广的空间，联姻突破了地域局限，通婚圈已经由本村本乡发展到本市外乡或本省外市乃至外省外市。

（五）表亲婚

表亲婚指兄弟的子女与姐妹的子女之间互相缔结婚配的形式。许多地方都有表亲婚的习俗，只是各地所禁忌的内容存有某些差异。华北、西北地区的汉族在通婚范围上，不允许女子嫁给舅家表兄弟，讲究“骨血不能倒流”。佤族人的俗语也说“盐酸树不开在马草山，外甥女不回嫁到舅父家。外甥女回嫁到舅父家命运不幸。”[①]不过，女子嫁给姑家表兄弟和姨表亲之间通婚，却是得到许可的。相反，青海藏族反对女子嫁到姑母或姨母家，历来有“姨姨做婆，刀剪相磨”、“姑姑做婆，一世不和”的说法[②]。文山苗族也长期严格恪守姨表不婚的道德原则。这都是从漫长的社会生活中得出的深刻经验。

现在人们都已经意识到近亲结婚的危害，表亲婚陋习在大部分地方已经消失，只是其遗俗仍在某些地方的结婚礼仪中有所表现。如贵州一些地方的侗族婚俗中，结婚前，男方必须送给舅舅一笔钱以及肉、酒、糖果等礼品。

（六）年龄顺序

过去许多地方都规定，同胞子女中，结婚顺序要先长后幼，但这种规定近些年已逐渐被打破。目前山西陵川的婚姻制度仍保持着这种习俗，哥哥结婚前，妹妹不能出嫁；姐姐出嫁前，弟弟不能娶妻。总之长者在前，幼者在后。

---

① 《佤族的婚俗》，《云南信息港》。

② 岳珑：《陕北婚姻习俗》，《华夏文化》，1997（2）。

二、个人要求

结亲往往也会受到个人所在家庭的政治地位、经济状况、社会等级，以及个人的年龄、品貌、职业等条件的限制，不同时代、不同地区有不同的表现。

经济通常是议婚的首要条件。一般女家对男家的门第、财产要求比较高，男家对女家的要求则会低一些；双方若贫富悬殊，则称“高攀”或“下嫁”。20世纪六七十年代，一些地方如沂蒙山区青年相亲时，有让女方家人看粮仓、粮囤和猪圈里养的猪的习俗，实际上也是显示男家的经济实力。对于职业的选择，往往受到经济条件的影响。在很长一段历史时期里，党政机关、企事业干部、工人（包括亦工亦农的临时工）、解放军战士、教师往往是农村姑娘的首选目标。

所选配偶的家庭的家风是否正派，是一个非常重要的标准。人们在相亲的时候，着意看的也是对方父母的为人处世，看是否“搁亲养人”（与亲邻关系和睦）。对于品貌的要求，一般包含品德、才华和身体等方面。才华一直是人们在择偶时所看重的条件。达斡尔族父母为子女挑选配偶时，若挑女婿则看男子的家境、家风，而选儿媳则仔细观察她的针线活及其外貌。山东许多地方都说，“会挑的挑才郎，不会挑的挑楼房”，“只要贤惠，不要颜色”，“高高的个子门前站，不会干活也好看”，“买牛买那个矬腿虎，娶媳妇娶那个大屁股”。这说明才华好、品德佳、个子高、屁股大（民间认为女人屁股大能生养）是对品貌的基本要求。

20世纪80年代以来，商品经济观念日益深入人心，门第观念逐渐被打破，农村青年择偶往往更看重对方的生存技能和潜在能量。那些懂技术、善经营的“能人”最受欢迎。如今农民进城打工越来越普遍，青年男女在打工过程中通过自由恋爱缔结姻缘者越来越多，他们中的许多人已经不太看重对方的家庭经济情况，而是更加看重对方挣钱养家的能力和人品。

提亲

提亲在各地有不同的说法，如“说亲”、“说媒”、“介绍”、“说合媒”、“做媒”，等等。湖南桑植白族人把提亲俗称“打衣比子”。

儿女到了婚嫁年龄，若还没有媒人上门提亲，父母总是会特别着急，因此产生了一些奇特的祈婚习俗。旧时贵州，家长非常注意不让未婚女子吃“猪蹄叉”。俗传吃了猪蹄叉，会把媒人的脚叉住。没有媒人上门，意味着子女的婚事将难以成功[①]。广东东部姑娘到了适婚年龄，为了祈求得到一个如意的夫婿，元宵夜里就成群结队地跑到菜园里，坐在芥菜（广东潮州俗称“大菜”）上虔诚地祷告：“坐大菜，将来嫁个好夫婿。”[②]

祈婚习俗在其他地方也有所表现。过去在江苏海州，无论男女，一般都在六至十二岁之间订婚；如果在十三四岁或者十六七岁时仍然无人提媒订亲，就要祈求神灵相助。祈婚的男子在除夕夜深人静时（亦有在腊月二十四晚上），手拿烧灶用的火叉在锅塘里捣动，边捣边说：“戳锅腔，捣锅洞，明年婚姻动。说个花媳妇，灶老爷面前多上供。”要连说七遍。女孩祈婚也是用这几句话，只是把“花媳妇”改成“好女婿”。一般女孩害羞，可由母亲代做代说[③]。从全国各地来看，祈婚习俗现在已不多见。

---

① 徐桂兰：《汉族红白喜事风俗》，广西教育出版社，第 4 页，1990。

② 《潮州人的人生礼俗》，南方网。

③ 刘兆元：《海州民俗志》，江苏文艺出版社，第 24 页，1991。

一、“三媒六证”的传说

按照我国的传统婚俗，联姻的复杂过程，都是由“父母之命、媒妁之言”从中牵引，而真正结婚的一对青年都未直接参与，只有在拜过天地以后才可见到对方模样。男女二人之所以能够结成夫妻，全靠媒人从中介绍、周旋。《诗经》里说“娶妻如之何，匪媒不得”，民间现在仍有“父母之命，媒妁之言”的说法，说的都是通婚离不开媒人。旧时婚姻中的介绍人，常被人们用“三媒六证”来泛指，以此表明婚约的郑重。两口子一吵嘴，女方总会说“我是明媒正娶的”，要么就是“我是你们家用八抬大轿抬来的”。可以说“明媒正娶”实际上在一定程度上起到了保护妇女权益的积极作用。男婚女嫁都少不了三媒六证，这是古老的习惯，那么这三媒六证又是从何说起的呢？云南昆明地区有一个关于它的传说：

相传在远古时候，有三个聪明能干、心地善良、手艺超人的皮匠、铁匠和木匠，三人像亲兄弟一样情投意合，很受人们的敬重。

一天，他们路过一户人家，见门上有副对联。上联是“有志不在年高”，下联为“无志空长百岁”。三人看罢都想知道此人究竟是位什么样的人，于是三人便走进茅屋。主人是个十七八岁的小伙，名叫古爷，长得像个读书人。古爷对三人的来访十分热情，很快几个人就像多年的老朋友一样无话不谈。三人暗递了一下眼色，每人出一题想考考古爷的聪明才智。皮匠说："请古爷帮我做一个有太阳那么大的饼。"木匠说："请帮我做一个像大海一样能装的油缸。"铁匠说："请帮我织一条路一样长的布。"古爷爽快地答应："好，你们明天来拿！"第二天，三人按时来到古爷家，皮匠要他的太阳饼，古爷说："我早已把面揉好，就等你把太阳摘下来，我才好比着做。"皮匠为难了。木匠要他大海一样大的油缸，古爷说："材料已备齐，等你把海水称称有多少斤，把斤头告诉我，免得做出缸来不是装得少就是装得多。"铁匠要他的路一样长的一匹布，古爷回答："请你把路的长度先告诉我，看看我织下的布还差多少。"

三个人都无话可说，都被古爷考住了，不得不佩服他的聪明才智。古爷又说："我也请你们帮我买一样东西，这东西叫六证，很容易买到。我在家等着。"

这六证是什么东西？三个匠人跑遍了大街小巷，逢人便问，没有人知道。三人坐在街边苦思苦想，始终没有想出来。还是铁匠说："大哥二哥莫着急，常言说深山老林出凤凰，就到深山里访访吧！"三个人翻山越岭来到一条开满花的箐（qìng）沟里，见一个像山花般美丽的姑娘在箐沟里洗衣裳，走近问道："姑娘，你叫哪样名字？"姑娘笑眯眯地看了他们一眼说："我叫辛娘。请问三位大哥有哪样事？"他们把到处没有六证卖的事说了出来，并问辛娘："格晓得哪样喊六证，哪点儿有卖的？"辛娘听后，笑了起来，说："六证到处都有卖，等下我就给你们。"

来到辛娘家，辛娘把升子、剪子、尺子、镜子、算盘、秤拿出来，说："这就是你们要买的六证。"哥三个一愣说："这些东西咋个会叫六证？"辛娘说："要知粮食有多少，升子作证；衣裳裁得好坏，剪子作证；要知布料有多长，尺子作证；需要看看自己的真面目，镜子作证；要知自己收入有多少，算盘作证；要知东西有多重，秤作证。这六样东西都是用来证的，不是六证是哪样？"三个人恍然大悟，赶忙给了辛娘二十两银子，买了六证。

古爷看见这些东西，知道天下还有比自己更为聪明的人，问是谁卖的六证。三人如实道来。古爷对辛娘有了爱慕之意，于是，便对三人说："再请诸位辛苦一趟，帮我做做媒。"三人对有才识的人非常敬佩，不假思索就答应下来。三人又来到辛娘家，把古爷对她的爱慕之情叙说了一遍，等辛娘回话。辛娘说："不用门来不用窗，没有柱来没有梁；不用土来不用木，天生地长就有墙。"这三人一听，又被难住了。不用土木，不用门窗，天生地长的墙，这是什么房子？咋个盖法？

三人回转来告诉了古爷，古爷高兴得大笑了起来。三人问他："你笑哪样？快讲来听听！"古爷说："这不是房子，而是一个石洞！"三人怎么也想不通辛娘说的会是一个石洞。

有情人终成眷属，辛娘和古爷终于喜结连理，成为幸福的一对。三谋六证成就了这对聪明的年轻人婚姻的事相传开来，人们就把古爷称为姑爷，把辛娘叫做新娘，把他们成亲的石洞称之为"洞房"。这"三媒六证"，已成为男女青年通往爱情婚姻的桥梁[①]。

---

① 《昆明海口地区三媒六证的传说》，见网页"彩云之南 > 导游云南 > 导游昆明 > 人文·昆明"。

媒人大多是腿勤嘴巧的妇女，俗称“媒婆”、“牵襟的”、“搭线的”，现在叫“介绍人”。过去的媒人大致分两种情况，一种是职业媒人，人称“媒婆”，多是能说会道、腿脚勤快的中老年妇女。她们往往见多识广，信息灵通，对青年男女们的情况特别留心。专给人做媒的人，目的各有不同，有的为了吃喝；有的为了财物；也有的为了巴结男女两家族，成亲以后可以加强来往；也有的为了长寿，民间有“人一辈子说三门子亲，能免罪，还能延年益寿”的说法；还有的是为了显示个人的威望，打赌去说媒。另一种媒人往往是男女两家或者其中一家的亲戚、朋友、邻居或者熟人。这种媒人不贪图媒礼，多实言相告，一般为双方所信任。当然，当这种媒人偏向一方时，偶尔也有欺骗行为。凡说媒的都有个共同的愿望，就是千方百计地想成人之美。在议婚过程中，如果出现危机，媒人往往以三寸不烂之舌力挽狂澜。俗语“媳妇娶进门，媒人跑断腿”并不夸张，因而事成之后，媒人往往可以得到丰厚的酬谢。因此总有一些媒人因为贪图媒礼，常常瞒哄当事人，多不被人相信。

说到媒人，我们常说“媒婆”，听起来似乎媒人总是女人，但有些地区必须由男人来担任媒人的角色。在湖南西南部高寒山区的花瑶习俗中，没有“媒婆”，只有“媒公”。上门提亲说媒的大多是些能言善道、知识广博而受人尊重的汉子，人称“媒人公”，其重要标记是手拿一把打不开的油纸雨伞[①]。青海藏族所请的媒公一般都是那些德高望重、擅长辞令的年长者，最起码也要请到在女方家长心目中有威信、能说上话的人为媒。

媒公在羌族婚俗中叫“红爷”，其职能相当于汉族的媒人，但同时还是一种社会身份地位的象征，全由男性担当，并且有很多限制：年纪在四十岁以上，儿女双全，妻子必须健在，能言善辩，熟悉礼仪等。因此并不是任何人都能担当这一角色的。担当“红爷”的人往往成为十全老人的代名词，是幸福、和美、吉祥、如意的象征。所以羌族男子以能当“红爷”，当的次数多为荣。羌族当“红爷”是无偿的，至多有些实物相送。如果该男子在当“红爷”时有过失败记录，就没人再请他了。因此红爷的积极性是很高的，为确保其“红爷”资格，他们会竭尽全力促成婚事，可以说具有极佳的“职业道德”[②]。

---

① 老后：《撩人心扉的花瑶婚俗》，《民族论坛》，2001（6）。

② 马宁：《羌族婚俗初探》，《阿坝师范高等专科学校学报》，2004（3）。

现在一般称媒人为“介绍人”、“红娘”，但已不仅限于女性，热心的男性也不在少数。有些单位的工会、妇联、团委也乐于扮演“媒人”角色，不少县市成立了或公立或私立的婚姻介绍所。

仅就媒人提亲的方式而言，也有多种，既有媒人主动提亲的，也有男方或女方央求媒人说亲的。提亲一般是男求女，但也有例外。如广东东莞流行女家请媒人去男家求婚，山东个别地方将女求男称做“倒提亲”。小伙子和姑娘互相钟情以后，便告诉父母，父母或亲自去或请媒人、亲友去求亲；小伙子本人也可以去求亲，之后再由媒人做具体的沟通工作。不管如何，媒人在联姻过程中发挥了极大的中介作用。人们说“无媒不成婚姻”，就是出于这个缘故。

二、媒人求亲

有些地方提亲是由媒人主动发起的。青年男女到了结婚年龄，不管家境如何，总有热心的能说会道的长者主动要帮着给男子说个媳妇，给女孩“找主”。或者媒人看到男女双方般配（家庭条件相当、品貌相配），有意前去撮合。

男方或女方自己看中对方以后，也可以请人去说媒。男方或女方看中另一方，一般请自己的亲戚、邻居或职业媒人去探探口风，征求对方意见。湘楚之地的媒人一般都是应男方之邀去女方家提亲，媒人第一次去女方家，若吃到的是一碗光汤汤的素油面条，则表示女方无意联姻；若女方给媒人吃的是鸡蛋挂面，则证明这门亲事有谈下去的希望。鸡蛋因此被当地乡民赋予了一个特殊称号，叫做“说亲蛋”[①]。

有些青年男女是经过父母的了解和同意之后再请媒人。如云南一些地方的男女青年在劳动生产、“跳左脚”等社交活动中，相互了解，开始恋爱。经双方家庭“对生庚”(合八字)，若无冲犯，双方父母互相拜访。在女方父母基本同意后，男家就请媒人到女家提亲（也叫“吃口酒”）[②]。此时的媒人只是来回跑腿而已，壮族的“走媒”习俗与此类似。聚居在贵州黔东南苗族侗族自治州东北部的三穗寨头的苗族，所请的媒人也仅仅是形式而已。双方通过玩山对歌情投意合之后，再告知父母。双方父母若同意，则请媒人来说亲，故叫日娶，即明媒正娶；若女方父母不同意

① 杨炯：《离不开鸡蛋的婚俗》，《乡镇论坛》，2005（18）。

② 胡翠菊：《从姚安马游彝族婚俗变化谈彝汉民族融合》，《楚雄师范学院学报》，2004（1）。

这门亲事，女方便跑到男方家去，叫私奔或跑婚[①]。

有些地方是小伙子和姑娘自由恋爱以后，自己主动去女方家里求亲。这时候考验的是小伙子的勇敢和耐心。西藏阿里普兰县求婚的方式很是别具一格，堪称媳妇是站出来的，就看你能不能坚持。想当新郎的小伙子（或是其父母、亲戚），打扮一新，提上青稞酒拿着哈达，早早地站在意中人家门口等候。待姑娘家里有人出来时，赶紧脱帽致意、问好，然后就站在离门口不远不近之处，只要姑娘家的人在此走动，都得毕恭毕敬。吃饭的时候，小伙子家会有人送饭。如果是有人来替换，行前还得高声向院子里打招呼请假。如此站上好几天，院里的人就有点坚持不住了，出来询问要娶的是谁。基本上小伙子只要在门口站几天，就没有站不出来媳妇的[②]。

我国历来讲究男女婚嫁要“明媒正娶”，认为只有通过媒人说合而结成的姻缘，才是合乎道德标准的，否则会受到社会舆论的谴责。因此，现在青年男女讲究自由恋爱，但在结婚时需要媒人出席的场合，仍然要请一位中间人来

---

① 万昌盛：《奇异的苗族婚俗》，《华夏文化》，2004（1）。

② 杨年华：《阿里婚俗拾零》，《中国西藏》（中文版），2003（3）。

代行媒人一职。山东寿光把这种习俗叫做“拉媒人”。可见“父母之命，媒妁之言”的观念在人们心目中仍有一定分量。

三、请媒、谢媒与“骂媒”

媒人来提亲，除非是自己主动来，一般都要“请”媒人。在广西，谁家想找新媳妇，都要用好饭菜招待媒人，请她物色姑娘，这叫“发媒”。媒人说成一桩亲事，男方给媒人猪肉和钱，叫做“媒钱”。20 世纪 50 年代以后，请媒人说亲的习惯仍然保留下来。有些青年男女在互相结识后再找个中间人当介绍人，事后请介绍人吃饭，或赠送一些礼品[1]。

人们对媒人有褒有贬，褒之者称“说成三个媒，死后阎王不问罪”，贬之者骂“说媒婆，嘴头馋，两头瞎话扒得严”。但总起来看，褒多于贬，毕竟是媒人为两家牵线搭桥，没有功劳也有苦劳，因此对媒人总要有所感谢。媒人大多受人尊敬，山东民间就流传有“成不成，酒两瓶”的说法。在胶东，只要媒人登门，主人（特别是男家）即备

① 黄革：《桂中婚俗十五曲》，《中南民族学院学报》（哲学社会科学版），1988(6)。

办酒菜招待，有的还要送“磨鞋钱”。事成之后，男家还要抬着猪头，拿20–40个饽饽登门酬谢。

谢媒仪式几乎各地都有，土族还有专门的谢媒词。土族媒人作为一桩婚姻的总大使，只要新娘进入洞房，男女双方家长就会表达谢意。人们在谢媒仪式上专门诵吟“谢媒词”。较有代表性的谢媒词如：

……天上无云不下雨，地下无媒不成亲。媒公大人，东头跑到西头，西头跑到东头。江河岸上无桥，修了一座桥，桥牢路宽；……我的媒公大人（哈），应当是左肩搭红，右肩披绿，远听的耳目好，近看的面目好。我小户某家，名大家虚，礼薄胆战，粗布的枕头，小小的猪头，也是增光喜舍说（哩嘛）……①

西北地区尤其是青海的媒人普遍受到人们的尊敬，特别是婚嫁双方，对其更是感恩戴德。男方感谢媒人为自己找到了一个相伴终生的贤惠妻子，女方则感谢媒人为自己找到了一个可厮守相从的如意郎君。尤其在举行婚礼的当天，媒人作为婚姻中的一个主要角色而身价倍增。在婚宴上，媒人身

① 吕霞：《“哭”和“骂”中出嫁 歌与舞中迎娶——话说土族婚俗》，《中国土族》，2003（3）。

居要位，与新郎的“骨头主儿”——舅舅，平起平坐。在婚礼宴席曲中，司仪专有一折“谢媒”曲，来歌颂媒人的功德。“谢媒”曲完毕，由新郎、新娘磕头拜谢媒人，还赠给媒人“左肩搭红，右肩搭绿”，抬花枕头及茶酒糖果之类的礼物①。

媒人撮成了姻缘，的确应该得到感谢和奖赏。但也有一些媒人因为过分看重酬谢，为让双方满意，往往两头欺瞒，有时也会导演些诸如跛子骑马、罗锅刷瓮、兔唇嗅花之类的把戏，害人不浅。一些亲友为了促成婚事，即使出于好心，但常常有意无意地把当事人的缺点缩小甚至避而不谈，这也可能会造成不良后果。对此，就产生了“骂媒”的风俗。在一些地方的哭嫁习俗中，新娘及其姐妹在哭泣中表达了对媒人的痛恨，甚至要把“媒人的肉，用汤煮”，把“媒人的皮，当鼓敲”，把“媒人的骨头，当柴烧”。

“骂媒”是青海撒拉族和土族婚姻中的一种特殊风俗。在循化撒拉族中，姑娘哭嫁时，就有对媒人的诅咒。既有隆重的谢媒仪式，也有富有趣味的“骂媒”习俗。“骂媒”

① 蒲生华：《青海婚俗中的媒妁文化浅析》，《青海民族学院学报》(社科版)，2001 (2)。

均是女方出面，土族妇女“骂媒”不但入木三分而且理直气壮：

> 骂媒的说法，是释迦佛爷留下来的……骂哩嘛你作啥哩？不骂的话太便宜了你。你不是老媒，你是老驴！不害羞的脸面呵，快拿来扫把扫出去，拿来铁锨铲出去……

根据土族习俗，女方家无论骂娶亲者还是“骂媒”，骂得越是淋漓尽致，姑娘嫁过去后地位也越高。于是姑娘的母亲就怂恿妇女们去骂，不尽兴时自己亲自上阵，痛骂一阵，以示为姑娘助威[①]。“骂媒”并非对媒人进行人身攻击，更多地带有取笑戏谑的成分，具有明显的喜剧效果[②]。

四、合婚

在提亲过程中，各地都有“合婚”的习俗。提亲时，双方若都满意，才要进一步请算命先生来合婚。合婚主要是看男女属相、命相是否相克，凡相克而又无法破解者是不能结

---

① 吕霞：《“哭”和“骂”中出嫁 歌与舞中迎娶——话说土族婚俗》，《中国土族》，2003（3）。

① 蒲生华：《青海婚俗中的媒妁文化浅析》，《青海民族学院学报》（社科版），2001（2）。

为婚姻的。合婚风俗几乎各地都有，但方式又有所不同。

找算命先生根据男女双方的生辰八字合婚是最为普遍的习俗。广西中部一带，男方若中意女子，就请媒人去要女方年庚八字，叫做“要命”。女方父母若同意，就用一条大红纸片，工工整整地写出女儿出生的年月日时，叫做“开八字”。男方把女子和男子的八字一起拿去给算命先生合算，叫做“合命”。二人八字若相合，就请媒人到女方家回报，叫做“回命”。同时给女家送五封喜饼，有些还送炒米花或糖果①。回命的习俗在有些地方被叫做“报喜”，男方带着报喜帖告知女方二人合命的结果，表示婚事可以继续进行。

除了由算命先生合婚以外，有些地方尤其是南方，往往根据某些预兆来判断亲事是否可成。江西安远的客家人把女子“生辰八字”写在红纸上，并将其放入盛满酒的壶里，如果酒味保持不变，还是那么浓香，就说明这个姑娘很好，男女可以相配、订亲②。而赣西萍乡则将讨来的女方

---

① 黄革：《桂中婚俗十五曲》，《中南民族学院学报》（哲学社会科学版），1988（6）。

② 蓝希瑜、杜娟芳：《安远客家婚俗初探》，《赣南师范学院学报》，2004（2）。

生辰放在男家的神龛上，期间看男方行事是否顺利，如发生摔碗、死牲畜之类的事情，立即中止婚事[①]。看合婚期间男方家庭是否顺利是比较普遍的合婚形式。如广东鹤山一些农村，男方父母把红纸放在供奉祖先、天官等神位的香炉下，点上香灯，看三天之内家中是否一切平安，且香灯中途是否熄灭。如若一切顺利，便认为此女吉利，婚事可成[②]。福建是把庚帖放在灶王爷的牌位前，看三天之内家中的情况来决定婚事。

过去，人们相信合婚是天意的表现，能够验证两家联姻是否最符合共同利益。只有男女双方各方面和和顺顺，未来的婚姻生活才能和和美美。因此可以说媒人和算命先生几乎操纵了男女青年的婚姻，他们的重要性并不亚于双方家长。在20世纪六七十年代，《婚姻法》始终贯彻反对封建迷信习俗这一原则，人们已经认识到这些不科学的说法会拆散有情人本来很美满的婚姻，婚姻的幸福和八字无关，因此合婚作为婚姻习俗中突出表现天意而非人意的一项程序，逐渐为人们所遗弃。如今，所谓“合婚”对大多

---

① 易志文：《萍乡乡村婚俗考察》，《萍乡高等专科学校学报》，2001 (2)。

② 刘志文：《广东民俗大观》，广东旅游出版社，第291—292页，1993年。

数青年人来说已很陌生，即使父母暗中为他们合八字，若八字不合，大多也不甚在意。现在八字“合”不“合”对婚姻的成败已经完全不再起决定作用了。

五、其他议婚方式

从媒人开始介入起，先提亲再相亲的程序是聘娶婚这种婚姻形态中最为常见的议婚方式。此外还有一些特殊的议婚方式，比如指腹婚、娃娃亲、童养媳婚、换亲，等等。

（一）指腹为婚

指腹为婚是有亲友关系的双方为了密切和延续亲友关系，经过商议，在双方妻子怀孕期间为没出生的子女订立婚约。这种婚姻形式自元代以来一直被明令禁止，但直到20世纪40年代，仍时有所见。此种议婚方式在各地还有不同的称呼。如山东历城预订婚事时双方要割下衣襟当做信物，因此又把指腹为婚称为“指腹割襟”。山东广饶则称“割襟换酒”。

（二）娃娃亲

男孩、女孩在年幼不懂事的时候由双方父母商定长大后结为夫妻，叫娃娃亲。孩子遵父母之命到一定年龄再举行嫁娶仪式。这期间无论出现什么意外情况，也不能悔婚。

娃娃亲造成了许多悲剧，对女孩的伤害尤为深重。现在青年有了决定婚事的自由，“娃娃亲”也已彻底消失。

（三）童养媳婚

童养媳婚是20世纪50年代之前曾较为流行的一种婚姻形式，指的是女孩在年少时期由于家庭贫穷被交给婆家领养，等长到适婚年龄，正式与丈夫结成夫妻。童养媳结婚时一般是草草成礼，山东临朐把这种简单的结婚仪式称做“窠落上头”。烟台人把被收养的女孩称为“台养子媳妇”、“台养子”。“台养媳妇”成婚，当地称“圆房”。南方如广东潮州也曾有这种婚姻形式。但20世纪50年代以后，此类习俗在各地几乎完全消失。

童养媳和丈夫一起长大，看似公婆的闺女，实则是不须支付工钱的仆役。童养媳一般和丈夫存在很大年龄差距。若是男方家里人口较多，往往是先给长子“说媳妇”，因此童养媳的丈夫多数都要比她大几岁甚至十几岁。这种童养媳在北方叫“小媳妇”。有时候人家先把抱养或买来的穷人家的幼女当做养女，以后生下儿子，长大后娶养女为妻。在这种情况下，丈夫通常比童养媳小十几岁，因此童养媳又被称为“待年媳”、“等郎媳”。黄河流域流传一首民谣唱的就是后一种类型的童养媳：“石榴花，花儿黄，十八岁大姐九岁郎。白日背郎下地去，夜晚为郎脱衣裳。”

（四）换亲，转亲

换亲、转亲等形式是穷苦人家因付不起聘礼而又要为儿子娶媳妇以传宗接代的一种无奈之举。是一家男女与另一家男女互换成亲，或者三家男女轮转结为夫妻。这在山东泗水、曲阜等地称为“两换”、“三换”或“两拐头”、“三拐头”，以各方都不收彩礼为条件。河南柘城把转亲叫“三角亲”，也叫“推磨”；广东潮州把换亲叫做“粜米换豆”，畲族叫“姑换嫂”。

换亲或转亲的几家，必须在预先约好的同一日子、同一时辰接走新娘，举行婚礼，一方不得临时借故擅自拖延婚期。换亲造成了人们亲属网络内一些亲属的缺失。比如山东等地有俗语称之为“有舅没妗子，有姑没姑父”。两家换亲所生下的孩子的亲属，当舅舅的人同时又是姑父，而当姑妈的又是妗子，人们只得按照较亲近的称谓来称呼。甘肃乃至西北地区把换亲叫做“换门亲”，由此产生的特殊称谓也通行于西北大部分地区，如称岳父母为姨父、姨娘就是一例[①]。转亲可以消除换亲带来的尴尬，但常常因其中

① 高启安：《西北地区汉族婚俗漫谈》，《丝绸之路》，1994（1）。

一个环节出了问题，会引起一系列恶性连锁反应，同时给青年男女身心造成极大影响。这样，婚后很多夫妻不和，甚至离婚，多数夫妻仅仅是勉强生活在一起而已。

（五）抢婚以后再行聘

云南丽江、鹤庆、保山一带的白族人，一直有抢婚、跑婚的习俗。一般情况下，男女青年情投意合，已论及婚嫁，但有时女方父母不同意，或者已将女方许配他人。女方为逃避婚约，同时还要照顾到父母情绪，让中意的小伙子带人把自己抢走，造成既成事实；男方则及时向女方父母行聘求婚。此为抢婚[①]。这种抢婚和下文所说的作为迎娶方式的抢婚不同，它和普通的聘娶婚相比，只是在议婚方式上有所差别，可以说是一种特殊的议婚方式。

相亲

合婚以后，双方家长若有意了解对方的详细情形，可以通过“相亲”这种习俗来考察对方。相亲是在媒人介绍的基础上，男女双方通过会面、走访，考察彼此的人品和家境。福建俗称此为“看新人”、“看厝”或“看

---

① 高静铮：《云南白族婚俗初探》，《民族艺术研究》，1996。

人家”。相亲一般是女方父母考察男方，由媒人在双方家庭之间来回传递信息，约定时间。考察的内容包括男方家境、未来公婆的人缘、男子的外貌等。因此山西把相亲叫“相门户”、“看屋里”。但也有男方考察女方的习俗。例如，河南女方父母可以“相女婿”，男方父母也可“相媳妇”。相亲还是不能省略的，媒人往往只管牵线搭桥，在男女双方家长面前说的话，事后并不负什么责任。男女双方家长得亲自从侧面了解对方情况，为自家儿女负责，这是相亲的原因。

旧时父母之命至上，丈夫或妻子究竟长什么模样，直到入了洞房才能知道，结婚之前根本无法见面。20 世纪 50 年代以后各地兴起了“见面”的习俗。如山东烟台，男女先见面叫“打对面”，女子觉得差不多，女方才到男家“看地场”，也就是了解家庭情况[①]。见面实际上给了年轻人自己决定是否联姻的权利。见面的地点常选在集市上，如甘肃东部，把见面又称做“看人”，双方在集市上公开相看，关键是看长相般配与否。有些地方，相面还要互赠信物，一般为肥皂、手绢之类，或附一些钱币。男女双方若都中

① 烟台史志办：《婚姻民俗》，烟台市情网。

意，且家中连续几日都平安无事，才能进行下一步的程序——看家[1]。也有在暗中给男女双方提供机会，偷偷相看的。例如，安排青年男女在集会上、电影院里，让青年男女暗中察看对方。河南焦作把此俗称做“偷见面”，赣西萍乡则称“踩土当”、“踩地方”。

一、偷相

相亲有“偷相”、“明相”之分，也就是暗地打听与公开相看的区别。一般情况下，如果男女当事人是同村或邻村，双方对彼此的家境、品貌等情况有一个大致的了解，则不必相亲，直接举行订婚仪式即可。如果双方相距较远，互不了解，甚至从未见过面，则于媒人提亲、合婚之后，先行暗地托人打听对方家境、品行、人缘等情况，感觉般配，然后才同意公开相亲。这种私下先行打听的做法叫做“偷相”。这实际上是一种变相的相亲方式，纯粹是为了了解对方的真实情况，虽然不是正式的相亲，但可以避免“明相”时可能存在的造假现象。

“偷相”主要是看男方家庭的人缘，了解男方家庭的

---

① 彭金山：《陇东风俗》，敦煌文艺出版社，第68页，2001。

“过相”——家庭经济状况以及其父母是否“搁亲养人”、男子本人的外貌如何，等等。男家如果想去女家相亲，一般由男青年的嫂子借故去女家，主要是看女方相貌，打听相关情况。鲁南一些村子的偷相常在媒人提亲后秘密进行，调查对象主要是男方邻居、亲朋。极个别的是女方父母上门去访问，比如假装口渴借水喝，或者装成遛乡卖鸡蛋的，但也不会让男方知道，以免看到假象。

二、明相

相亲时，一般由媒人带领女方父母、叔婶或哥嫂于约定时间去男家，主要是实地考察男家家境，以免女子嫁过去后生活困窘，并以此证实媒人所言及暗地探访内容的真伪，兼看男方品貌。看家产时，往往要看房屋、粮食、牲畜、家具等内容，有些还借故到男方街坊邻居家去打听男家的有关情况。男家为给对方留一个良好印象，要仔细洒扫庭除，精心装潢门面。个别人家甚至要弄虚作假或借他人宅地、物品糊弄对方。

女家第一次去男家相亲有禁忌：不论成否，一不抽烟，二不喝水，相完就走。这种相看形式，山东曲阜一带谓之“明相”；而广西东兰壮族称做“踏房门”。山东青岛崂山叫

"验家"，男方也给女子"验家钱"，又称"喊爹叫娘钱"。山东青州把这种相亲形式叫做"大相"；另有"小相"之说，指的是20世纪80年代以后兴起的男女见面。大相之后一段时间，男青年会带上礼物，到女青年家里，拜见其长辈，这叫"认亲"。男方的家庭状况是女方最关心的，因此湘楚之地把女方到男方家去相亲叫做"看门风"。不管人多人少，男方都以鸡蛋招待，每人四个，表示敬重①。

各地均有相亲后还会留下礼物作为信物的习俗。辽宁满族是由媒人和男方的母亲来到女方家里相看，男方的母亲若对姑娘的人品、举止、相貌等诸方面都满意，便留下簪珥做订礼，俗称"小订"②。山东沂源把相亲称做"换手帕"，除例行一般礼节之外，男女双方事先要准备一块绣有鸳鸯戏水图案或"吉祥如意"字样的新手帕，手帕里包上现金，互相交换，作为定情之物。有些乡镇把相亲作为订婚的前奏，因此又将"相亲"称为"小订"③。

---

① 杨炯：《离不开鸡蛋的婚俗》《乡镇论坛》，2005（18）。

② 曹宝明：《满族婚俗趣话》，《农村天地》，1999（10）。

③ 刘曙升：《沂源民俗》，人民日报出版社，第92页，2002年。

这种男相女的相亲形式，相中了男方要送礼物给女方，相不中也要有个说法。如台湾有些地方相亲，媒人约定日期陪男方前往女家，女方父母叫来待嫁的女儿端茶待客。男方家人则乘机观察女方的相貌、言行、举止，姑娘也暗将未来夫君打量一番。茶后，男方要有压茶红包钱，压的钱若是双数，就表示合意；不合意也要压钱，只是单数而已①。

一般来说，相亲直接牵涉的是两个家庭，而赣南客家人的相亲——俗称“访家”或“拉屋场”——往往牵动家族和左邻右舍。访家是男女双方公开向世人表明他们同意结亲的仪式，家族和近邻会自发备送酒果和荤盘前去接待，以示男方乡邻的热情友好、团结和睦。若男方的家族是个大家族，人们还会摆开“流联席”，呈上自家土特产款待客人，表示男方人缘很好。待酒宴散后，男方发给每位客人一个红包，金额视亲疏多少不等。女方临走时，男方撑好女方不论晴雨均带来的雨伞为其送行。若女方对男方非常满意，则收回雨伞并回赠“送伞包”②。访家仪式即到此结束。

① 林亚顺：《台湾婚俗食苑撷趣》，《烹调知识》，1999（1）。

② 蓝希琳、罗琼：《赣南客家婚俗及其社会文化功能分析》，《湖北民族学院学报》（哲学社会科学版），2005（1）。

相亲往往都有长辈陪同，如叔叔、婶子、舅舅等人，一方面是因为他们经验丰富，可以帮助当事人“长长眼”；另一方面相亲时青年男女容易害羞，防备交流时会出现尴尬。对于害羞的青年男女，浙江温州则采取“模姻缘”的法子：男子怕羞，则找已婚的兄弟或叔伯代替；而被看的姑娘又往往故意避开，只能看到她的兄弟姐妹，借以推测她的模样。所以民间有“相亲相舅”的谚语①。而同样的情况，在广东揭西县那里，则采取带“眼镜”的办法。这“眼镜”指的是有经验的男人，一般是当事人的长辈，如舅舅、叔伯等，专门负责在相亲遇到尴尬时打圆场②。“眼镜”这种称谓，形象地表明了长辈在青年男女相亲时所发挥的作用。

要说最有意思的相亲，当数彝族阿细人了。一般相亲重视的是男方的家风、家境以及男子本人的品貌。而彝族阿细人重视的是男子的劳动态度，以及是否拥有诚恳朴实的美德，若是男女青年住在不同的村寨里就需要通过劳动进行相亲。男子带上女子到地里劳动一天，考察女子的劳

---

① 叶大兵：《温州民俗大全》，新疆人民出版社，第238页，1998年。
② 刘志文：《广东民俗大观》，广东旅游出版社，第294页，1993年。

动态度，同时也试探女方父母是否愿意。如果女方父母不愿意，他们就会来把女儿领回去。男子在女家同样也要经受劳动的考验，女方父母如果发现男子不好好劳动，且品格不佳，就会让自己的女儿与其分道扬镳。若小伙子勤劳能干，为人诚实，就算考验合格[①]。

如今相亲习俗依然流行，但其形式和内容已发生较大变化。大多数的相亲选择在第三者家中。这种场合一般比较随便，双方可以互相交谈，了解彼此的基本情况；如若满意，甚至可以接着约定下次见面的时间、地点，已经有些谈恋爱的意味了。但无论何种情况，都不能在晚上见面，因为只有寡妇再嫁才在夜里相亲。过去相亲，有时候由父母等长辈代替青年人前往，或者由父母、亲戚、媒人陪同；现在有些青年人只邀好友为伴，甚至独自前往。相亲过程中，当事人本身接触的时间比较长，彼此观察会相对详细一些，而且通过交谈，也能进一步了解对方的素质、修养。此后二人再慢慢进入“谈恋爱”的阶段。

① 普忠良：《阿细人的婚姻习俗》，彝族人网。

第二章

订 婚

相亲以后，男女双方彼此都有了一定的了解，相互认可以后，就要举行“订婚”之礼，落实联姻意图，缔结婚约，确立联姻关系。订婚的意义在各地大致相同，而称呼与形式却有多种，如“订盟”、“文订”、“聘订”、“压订”、“送订”等。订婚大多一次完成，也有分两次进行的。分两次进行的，如福建福鼎分“初订”和“大订”，惠安分“小订”和“大订”。河南部分地区的婚俗就更为复杂多样。焦作订婚仪式分为小订和大订两部分。小订又称“换手巾”，吉日当天，男方到女方家交换订情信物——红手巾。女方以“拉扯面”招待，这是“看菜”，只许看不许吃，面条越长越好，象征着夫妻缘分长远。正午，武陟等地的女方要到男方家举行大订仪式，沁西称“送大好”，但男方只送聘礼，无仪式。博爱、沁北则将小订、大订合而为一，统称“换手巾”。沁南则称“送小好”。修武在小订之后，女方到男方家“相家”，男方再回访称为“串起”，之后才是大订[①]。

旧时之所以存在一订再订的做法，主要是因为小订只是订婚的初级阶段，送礼比较简单，不需要聘金，多为双方交换戒指、手帕之类的信物；最重要的还是两家的婚约。举行了“大订”之类的仪式，才算正式订亲。大订要有丰厚的聘礼，仪式也较为隆重。现在人们为了节约时间，往往把小订和大订合而为一，但二者之间的区别还是存在的。

小订

小订是双方初步落实婚姻意图的一种形式，在每个地区有不同的习俗表现。有以“通书”或“婚帖”、“婚书”作为订婚依据的，也有在订婚仪式上举办酒宴、讨价还价的，有的甚至通过劳动和打秋千订下儿女的婚事。高山族排湾人玛家社的订婚仪式就很有情调，女子坐于秋千上，男子推她，让秋千荡起。酒宴上，众女子牵手围成一圈，

---

① 邢怒海：《焦作传统婚俗文化与民间歌谣》，《焦作师范高等专科学校学报》，2003（4）。

男子和女子在中央歌舞、饮酒[1]。

山东一般把小订通称做“传小启”，又称为“通小启”、“传小帖”。莱州称“换柬”、“换帖”、“下通书”、“过小帖”；沂蒙山区称“过红儿”、“过红子”、“递红儿”、“递红子”；泰安一带称“过红柬”；鄄城、阳谷一带称“下小帖”。鲁南地区订婚叫“下通书”。通书俗称“红纸绿帖”，即十六开的红绿纸各两张，因此又称“鸳鸯礼书”。红纸上款写上女方祖父或父亲的名字，中间一行写“大德望翁××老姻伯或老姻兄大人阅下”，左边写“谨依冰言敬求金诺”，下边写新郎的名字。绿纸内容是“姻愚弟或侄××率子××鞠躬”，右边写“光前裕后金玉满堂”。但也有人家干脆什么也不写，红纸绿帖的习惯性效力一点也没减少。男方除了带去通书以外，还有一些信物。如米和面寓意米面夫妻，麦麸寓意年年有福，干鱼寓意年年有余，艾叶寓意相爱和谐，葱寓意聪明能干，盐寓意二人有缘分，梳子寓意有福气，篦子寓意男女永结百年之好。

交换信物在男女订亲过程中是一项重要内容。陕北各县的订亲仪式，均在晚上进行，深夜结束，多为男到女

① 《高山族的婚姻仪礼》，《话说台湾》，中国台湾网。

家。在洛川，由媒人将一条红布带转交男方，俗名“缠带”，给男子缠腰。在甘泉，男方从女方家告辞时，女方给男子回赠一顶帽子、一条裤带、一双鞋，称“铁头帽”、“长命带子”、“稳跟鞋”[①]。这些礼物象征着男女二人永远在一起，暗含了人们稳定婚姻关系的期望。

除了具有象征意义的礼物以外，有些地方是把十分珍贵的东西当做订婚礼物。聚居广东北部连南县、连山县的瑶族人订婚聘礼中一定要有盐包。由于瑶族人聚居深山，食盐十分珍贵。订婚素来不求重聘，但盐包却是必不可少的。准备结婚的当年，要由男方的代表（通常是媒人）给女方送去聘礼，一般是一个盐包，有一公斤的，也有三百克的。这一古老习俗，至今在当地通行[②]。女方收到的礼物，有些当时就用于招待男方，有些用于以后的生活消费，有些用于女儿的嫁妆。而毛南人则是将男方带来的订婚礼物祭供祖宗。

布料常常在北方地区用来当做小订的礼物。鲁东地区，

---

① 岳珑：《陕北婚姻习俗》，《华夏文化》，1997（2）。

② 李盛仙：《少数民族的婚俗食物缘》，《东方食疗与保健》，2004（12）。

订婚时男方要向女方送“订亲礼”，无论穷富，都要送些布料，称“送衣裳面”。山东青州“送柬”有个讲究，那就是越早越好，最好是天亮之前就赶回来。有谚曰：“待要富，赶得婆婆穿不上裤”。到了20世纪70至80年代，比较时兴的订婚方式是送柬以后，男女青年一起出去买一些衣服之类的东西，俗称“上城”、“进城”或“买衣裳”，这就算是确立了姻亲关系。

订婚仪式既有双方交换礼物的内容，也少不了两家人一起举办酒宴。一些地方的订婚仪式，几乎就是两个家庭或家族一起喝酒。云南姚安县干脆把订亲叫“吃订酒”。白马藏族则称“喝知酒”，既说明双方都同意这门婚事，又表示婚事从此可以公开。辽宁南票订婚有一个别称叫“串大门”，也称“吃喜丸子”。参加串大门的女方人员，除近亲之外，还包括有人情往来的远亲和邻里。因此，来吃喜丸子的女方队伍有时多达上百人①。

男女双方能够订婚，通常有赖媒人的沟通，因此订婚仪式一般也少不了媒人的参与。羌族订婚时也要请红爷。

① 姜明、侯丽清：《南票地区汉族婚俗的调查研究》，《阴山学刊》，1999（3）。

前文说过，红爷不是一般人能担当得了的，在任何仪式上，他都不是一个能随意戏谑的角色。男方一般派男方母亲带着儿子随同红爷前去，要按女方家族老人的多少准备礼物。红爷要在吃酒前亲自烧香敬神、祭祖，向女方祖先禀告两家结为亲家之事，并依照老规矩致“说亲辞”①。红爷作为男人可以参加订婚仪式。而乌孜别克族的订婚仪式却只有妇女可以参加。

男女双方既然走到“订婚”这个程序，虽然说明了两家关系友好，但就聘礼的问题还是一样会争个不休。通常来说女方希望男方多给聘礼，这样显得自己身价高，面子上可以说得过去；而男方往往不会轻易满足女方提出的关于聘礼的要求。一般来说，进行订婚中的“小订”仪式时双方会把聘礼协商好，争执大多在这个时候发生。如赣南客家人届时双方会毫不客气地讨价还价。女方根据俗规和男方家境列出彩礼数目，其中包括操办婚宴的“三牲”数量、孝敬双亲的“恩恤礼”、置办嫁妆的银钱等。而有的地方甚至连糯米、豆类、食油和小菜都会列在其中。男方则

---

① 马宁：《羌族婚俗初探》，《阿坝师范高等专科学校学报》，2004 (3)。

对女方的要求进行还价，并大吵大闹。据说吵得越凶越好，因为这表示双方家族、宗族对结婚之事颇为重视，同时也有“讲亲讲亲，越讲越亲”之意，即使世交之间结亲也是如此[①]。

小订仪式上，双方签订了婚约，交换了信物，本身就意味着双方姻亲关系的正式确立。因此各地均是小订以后就举行“认亲”。个别地方是男青年要给女方家祖先牌位磕头，再依辈分大小给女方父母及亲戚磕头，认祖认亲，从此订下这门亲事，而男女双方父母就彼此互为亲家，互相来往，相互帮助。多数地方的认亲仪式比较简单，订亲之后男女双方就直接改口，分别和对方一样称呼亲友。

民间认为，订婚具有法律效力，和法定的登记结婚一样。一旦订婚，女子“生是男家的人，死是男家的鬼”，因此交换婚约以后，一般不可随便解除婚约。而男方也不可随意改变既定的婚事，否则会留下伤风败俗、不守信用的骂名。按照山东大部分地区的习俗，男方不能随便悔婚；女方却可以对男方进一步考察，如果不中意，允许悔婚。

---

① 蓝希琳、罗琼：《赣南客家婚俗及其社会文化功能分析》，《湖北民族学院学报》（哲学社会科学版），2005（1）。

女方悔婚时，一般须将聘礼退还男方，也叫“退包袱”。男方若有执意悔婚者，女方可以不退“红订”，男方不但不能索要，而且要将女方赠送的鞋垫等礼物按高价折算给女方。女方在订婚后到男家干过活帮过工的，还要折算工钱付给女方。这叫“羞男不羞女”[①]。

大订

订婚中的“大订”在程序上往往与“小订”大同小异，而其形式和内容都要比小订隆重得多，因为它标志着婚约的达成，暗示不久就会办喜事。大订在各地的说法也有差异，如“送聘”、“传大启”、“传柬”、“过大帖”、“换大帖”等，这都是旧时正式签订婚约的一种形式。男方赠送给女方的礼物叫“聘礼”或“彩礼”，礼物不再特别偏重象征意义，而更具有经济方面的价值。

送聘礼往往是要结婚的信号，一般在迎娶前不久进行，最重要的是男方要把聘礼送给女方。华南地区在聘礼方面相当讲究。如福建各地，男方用于送聘的礼物有双有单，因地而异，但一般以双数为多，分四色、六色、八色、十

① 山曼等：《山东民俗》，山东友谊出版社，第 179 页，1988。

色不等。其中常见的有礼饼、猪肉（或猪腿）、面条、糖、鸡、鸭、蛋、鱼、酒、干鲜水果、干鲜海味，兼以戒指、项链、衣料等。也有人送羊肉或羊腿，如福州；送茶叶和盐，如松溪。福建许多地区，男方去订亲时，要送红线一束。红线的含义，各地说法不同，以表示“千里姻缘一线牵”、预祝婚姻长久的为多；不过寿宁俗谚说“拴线透老”，泰宁俗语说“受了男家线，婚姻不能变”。说法虽多，意义却比较一致。订金、礼物都置办停当后，都得加上“挂红”，显得吉利、喜气和红火。订金一定要用红纸或红布包好，许多人还再扎以红线或红带子。其他礼物上都贴上红纸条，有人用红纸包干货，盛放礼物的工具也都贴上红纸，蛋要染成红色。挑礼物的扁担也要贴上红纸条[1]。带上这些礼物，路人一看红纸，就明白这是来送聘的。

台湾人订婚时，男方送给女方的礼品除了“红帖”(婚书)、聘金、金银首饰品、布类衣着外，还要带上礼饼、冰糖、冬瓜糖、橘饼、猪肉、羊肉、桂圆、阉鸡、鸭、鲢鱼……女家烧香鸣炮，用男方送来的礼品奉拜祖先，招待客人，给邻里亲朋分送糖果饼食，报知亲事已谈妥。另外，

---

① 林国平：《福建省志·民俗志》，方志出版社，第 1997。

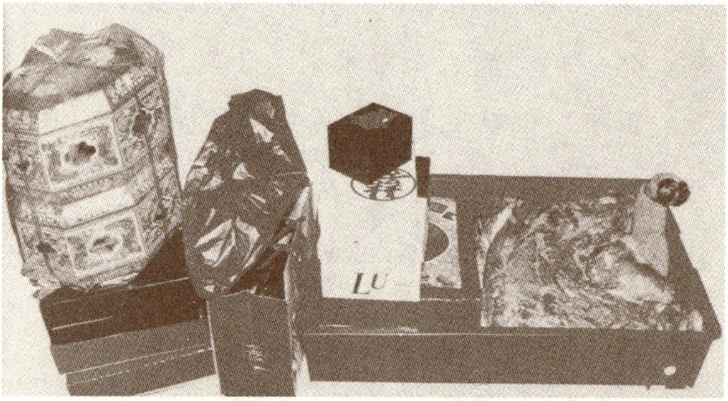

订婚时男方送来的礼香、礼炮、礼烛、半边猪腿等

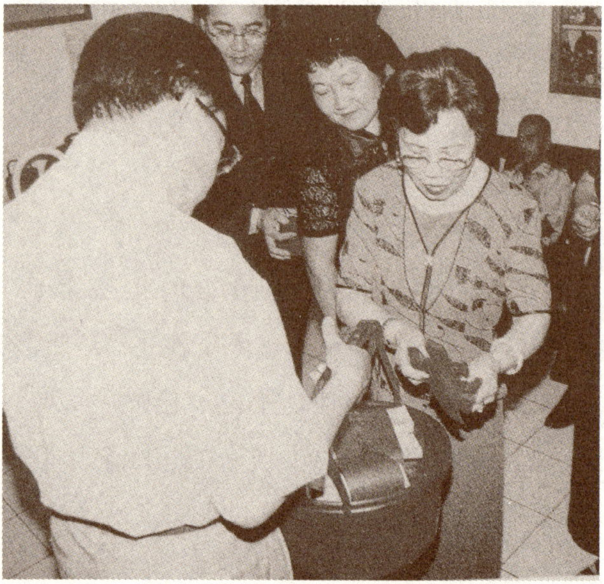

媒人与女方父亲正在点交聘金与首饰

台湾人最喜欢把槟榔当做吉祥如意的象征，因此槟榔也成为一种甚有特色的聘礼[①]。

和台湾丰厚的聘礼相比，门巴族认为聘礼的多少并不重要，重要的是要表达出感谢女方父母养育之恩的内涵。畲族婚嫁中的彩礼比较简单，一般是送常用的农具，殷实的人家还有送耕牛的。如今，随着畲族人民生产的发展、生活水平的提高，彩礼也相对丰富了起来[②]。

送聘之日，和小订一样，男女双方往往都要办筵席，宴请亲朋好友，俗称“订婚酒”。在许多地方，女方得把男家送来的礼饼分赠给赴宴的亲友和邻里，所以订亲时男方必须置备相当数量的礼饼。如福建漳平，男方要送一种当地独有的礼饼——“女儿饼”，俗称“圆仔饼”，用番薯、面粉为原料拌白糖制成，每个重一斤，至少要送一百个。女方分送礼饼与办订婚筵一样，一是

---

① 林亚顺：《台湾婚俗食苑撷趣》，《烹调知识》，1999 (1)。

② 傅良基：《畲家婚俗》，《中央民族大学学报》（哲学社会科学版），1984 (4)。

表示庆贺，二是将女儿订亲之事告知亲友邻里。凡是接受礼饼者，在姑娘出嫁时，都要添箱、添妆。[①]有些地方还讲究给男方有所回赠。如广东潮汕男方送聘礼时，女家要回赠一些礼物，其中必有猪肝猪心。把猪心送给男家前，须切出一片，与女儿同吃，其余送到男家，给新郎与其家人同吃。男女二人同吃一只猪心，象征“男女同心”[②]。

一般来说，男方来送聘礼，女方应热情招待；但乌孜别克族却是由男方反客为主来招待女方。按照传统的纳聘习惯，包括新郎在内的所有男子均不能参与，新娘也不在仪式上露面。这天，男方母亲在一二十位女亲友的陪同下，前去女方家。这时，主人及其亲友都袖手旁观，不帮忙干活，而男方客人反客为主打开自己的包裹，杀羊做饭，设宴招待女方主客，忙得不亦乐乎[③]。

---

① 林国平：《福建省志·民俗志》，方志出版社，1997。

② 叶春声：《岭南风俗录》，广东旅游出版社，1988。

③ 《乌孜别克族的婚恋习俗》，中国民俗网。

随着社会的发展、人们生活水平的提高，订婚礼物越来越货币化，逐渐不再由男方购买，而是由男方父母准备好现金交给一对青年人，让他们自己到城镇集市选购物品。有时候也会有媒人或者双方的长辈陪同。因此，有些地方干脆把订婚称做“进城”。对于聘金的总额，福建许多地方还注重其尾数谐音的吉利。福州、长乐一带从133、333、533、933到1333等，总带有“3”字。这是因为在福州方言中，“三”与“生”同音，以此寓意生育和兴旺。过去华北地区的彩礼大部分是一套衣料、两双袜子、一个包袱皮、首饰、胭脂、梳子等。后来，彩礼的数量逐渐增多，质量逐渐提高，一般是两套衣料、两双袜子、一双皮鞋；外加101元钱，意为“百里挑一”。20世纪80年代以来，有送1001元、10001元者，意为“千里挑一”、“万里挑一”[①]。总之，在婚姻上讲排场、摆阔气的风气愈演愈烈，聘金和嫁妆金额呈直线上升之势，嫁女和娶媳的花费越来越高。

---

① 《蓬莱民间婚姻习俗》，新华网山东频道。

婚期

订婚以后，一般都会把结婚日期确定下来，这实际上是古代“六礼”之中的“请期”。请期，是男方选定举行婚礼的日期，备礼去女家，征得女方同意的仪式。目前通行的说法是“择日”，各地又有“送日子”、“看日子”、“通日”、“送好”、“会话”、“下婆帖”、“问口”、“下礼”、“查日子”、“送娶牌”等俗称。

一、择日方式

人们认为，在哪一个日子里成亲，会影响到一对新人的终生幸福，因此“吉期”的选择一直受到人们的极大关注。民间俗信，有些年份不能结婚，比如当年没有立春的年份。例如2005年的立春，赶在了当年春节之前，而2006年的立春又赶在了当年春节之后，所以整个阴历的2005年里，没有立春。许多地方均流传着这样一种迷信的说法，新的一年里不“打春”不吉利，不宜嫁娶，否则会影响生育和夫妻感情，因此俗称“寡妇年”，又称“滑年”。但是民间也有破解的方法，比如山东滕州，认为在结婚头一年把喜被子套好，就可破解一切灾难。就择日的具体方式而言，各地差异很大。有些地方由阴阳先生帮助确定佳期，个别地方甚至全村有固定的结婚日期。

请算命先生或阴阳先生帮助择日是非常普遍的习俗。华北地区的“订日子”就是由“二宅”先生（阴阳先生）根据男女双方生辰八字确定的。布依族结婚时挑选的吉日，多为属牛之日，因为牛是勤劳的象征，属牛之日结婚，预兆新夫妻的日子将红红火火①。后藏岗巴地方，娶亲要择黄道吉日，要看日期和星期，如藏历八日、十五日、三十日，或星期五、星期六为吉日；而最忌讳的是星期日，这和通常不能在这天出远门、办丧事是一个道理②。

只要按照男女双方的生辰八字结婚，那么一个村子的邻居从理论上来说应该有不同的结婚纪念日。不过，贵州黔东南苗族侗族自治州的从江县北部山寨中的小黄

---

① 叶大兵：《温州民俗大全》，新疆人民出版社，第238页，1998年。

② 班丹：《岗巴婚俗拾零》，《藏区风情》，1995（2）。

寨把腊月二十八作为唯一的结婚日，全寨的人都在这一天举行婚礼。而该县一个叫占里的自然村，全村人结婚的时间也是统一规定的，即只能在农历二月十六和十二月二十六这两个日子里，其他时间都不允许结婚[①]。小黄寨和占里选定吉期的风俗，在各地区和各民族里可以说是绝无仅有。

“择日”还要考虑季节的因素。以种植业为主要生计的地区选择吉日时一般以秋冬两季为多，其中春节前后居多。因为这个时候，一是农闲季节，主家有时间操办婚事，亲友也有时间参加婚礼；二是处于秋收冬藏之后，家中已有盈余，举办婚礼的资金也有保证。例如，白族是一个以农渔为主的民族，只有秋收之后，五谷丰登，才能更好地操持婚事。因此，秋收到春节为结婚的黄金时节[②]。当然现在安排嫁娶的时间就没有那么严格了。

从腊月初八到春节前这个时段挑出一个好日子作为吉日，是许多地方的习惯。人们认为，腊八节以后，诸

① 《决定生男生女“换花草”如此神奇?》，《人民日报》，2002（11）。

② 高静铮：《云南白族婚俗初探》，《民族艺术研究》，1999（6）。

神上天，此时办婚礼百无禁忌，每日均为吉日，就免去了择日的麻烦。但山东潍坊却禁忌在腊月二十三以后到春节期间娶媳妇。这里头是有说法的。腊月二十三以后，雇佣轿夫和吹鼓手是不收费的，只需要管顿饭就行了，这是该行业曾有的职业道德。有些穷苦人家为了节省开支，就赶在腊月二十三以后结婚。所以很多人不愿意腊月二十三以后结婚，因为面子上不好看。现在人们的生活水平都得到很大的提高，但这个习惯依然保留了下来。

择日还要避开一些需要禁忌的时段。据说旧时煤矿工人择日还有一个特殊的习俗，那就是“避娘月”。所谓“避娘月”，就是姑娘若在正月里出嫁，从出嫁之日起忌见娘。民间有“正月闺女出嫁忌见娘，见娘就死娘”之谚。关于此俗的由来，民间有这样一段传说：

有一大户人家，夫妻俩共生了十个闺女。前面九姐妹，个个长得天姿国色，如花似玉，标致妩媚，都相继找到了称心如意的郎君。唯有十妹，年近而立迟迟未嫁。这十妹相貌丑陋无比，没有人愿意娶她为妻。后来，因十妹长相虽丑陋，但也心灵手巧，为人和善，总算有人要娶她了。这年正月，十妹要嫁人了，一家人欢天喜地地为她张罗着婚事，并请先生为十妹选好了良辰吉日。那先生临走之时，再三关照十妹的母亲，女儿出嫁这一天，千万不可与女儿接触，否则将会带来大祸。十妹出嫁这一天，鞭炮声声，唢呐高歌，热闹非凡。母亲心想女儿出嫁本是件喜事，哪有母亲不在场之理，便把先生的忠告抛到脑后了。三日后，十妹与郎君回娘家，母亲已经重病在身，卧床不起，奄奄一息了。想到当初先生的忠告，现在已经为时晚矣！没有多久，十妹的母亲便离开了人间。原来，这十妹原是一个妖怪，修炼成精后，上了天界，在天界因犯了天规，又被玉皇大帝罚下了凡间，变成了这般模样。传说，那“先生”乃是太白金星的化身。自此以后，民间便传下了姑娘正月出嫁，一月之内忌见娘的习俗。此俗至今仍在一些矿区流行[①]。

1949年以来，按属相、命相查吉月吉日结婚的明显减少，过去所谓的“佳期”、“吉日”，在不少地方已经失去意义。更常见的则是仪式简化，将传小启、传大启、

① 闻志国：《煤矿婚俗传说》，《当代矿工》，2001（1）。

送日子合而为一。现在越来越多的农村青年外出打工，有些人往往也会像城里人那样，选取具有纪念意义或热闹的节假日来举行婚礼。也有些在外打工的年轻人因为只能在春节前返家，故而春节前后一段时间之内往往成为他们的首选婚期。

二、要好、看好与送好

大喜之日的选择一般都有一个程序，大多数地方是男方来选日子，也不乏双方一起商定的情形。在吉日的选择上，福建婚俗可以作为代表。到了准备迎娶新娘的时候，男方预先择定迎娶的吉期，用红纸写好，备好礼品，送到女家，叫“送日子”，也叫“送日头”、“送日单”。上面不仅要写迎娶日期，还得载明新娘上轿、进门的时刻，有些地方甚至还须说明相应禁忌。如某种属相和新娘属相相克，则须回避①。

北方的择日习俗大体与福建类似，但在不同地方，又细分许多步骤。以山东的择日习俗为例，在莱州和鲁西地区，看日子一般分为“要好”、“看好”、“送好”

① 林国平：《福建省志·民俗志》，方志出版社，1997。

三个步骤。“要好”是指由男方选定举行婚礼的“吉日”(即双月双日)，派媒人到女家讨取女子的属相、生辰八字。男家据女子属相和八字请人择定“行嫁月”、“吉日良辰”，同时算出喜神所在的方位、安床方位，女子出嫁时上下车（轿)、坐帐面对的方向，以及迎亲、送亲之人在属相上的忌讳。这叫做“看好”。择定吉日良辰后，写成婚书送往女家，叫“送好”①。送日子在胶东由公爹去送，不能送隔月吉日，一定要送当月迎娶的吉日。送日子时，公爹不得与未婚的儿媳碰面。

这种由择日到送日的过程在北方比较普遍，但在不同地方又略有不同。以河南省为例，焦作在订婚之后便要择定婚期，博爱地区称“择好”。择期后，男方将吉日及宜忌事项书写在一张方正的红纸上，称做“书”。由男子亲自将此“书”送到女家，称做“送书”。沁阳称“大送”，武陟、修武称做“下好”②。所送的“书”在甘肃东部称做“红书”，其中包括结婚时应注意的事

① 山曼等：《山东民俗》，山东友谊出版社，第 182 页，1988。

② 邢怒海：《焦作传统婚俗文化与民间歌谣》，《焦作师范高等专科学校学报》，2003（4）。

项，诸如新娘上马、下马时所避的属相等。婚礼头三天就要由女婿和几个与女婿同辈且年龄相仿的人送到女家去①。

有些地方把择日子和下聘礼合而为一，如陕西、山东、江西。陕北人把择期叫做“商话”，“探话”、“约期”。在商话的同时，男方要将原议彩礼如数送至女方家，因此有的地方把择期直接称为“纳聘”、“下礼”②。山东日照把“送日子”称为“问口”、“下礼”，即男方向女方送聘礼。这种将“投启”与“下礼”合并而行的仪式，又被称为“一盒子磕”。鲁北地区称之为“下婆帖”，同时要送“铺地钱”为女方妆奁之资。把吉日告知女家，在赣南客家人那里叫做“报日”。这和“过茶”联系在一起，实际上就是把确定的喜日子具书成帖与聘礼一起送到女家。

人们认为，婚期一旦经过双方约定，双方均不能轻易改动婚期，否则将有不吉之事发生。河南林县人以为

① 彭金山：《陇东风俗》，敦煌文艺出版社，第73页，2001。

② 岳珑：《陕北婚姻习俗》，《华夏文化》，1997（2）。

“吉日已定，不许移动，后移死婆，前移死公”。实际上是怕女方因某种原因又出变故，由此耽误了婚期[②]。

“送节”

订婚仪式建立了男女双方的姻亲关系，即使尚未举行婚礼，联姻双方也会在节日时进行一些正常的姻亲往来，以增加亲戚之间的往来和沟通。男方一般是在端午、中秋、春节三大节给女方家送礼。此俗几乎各地都有，只是内容大同小异。甘肃东部地区称此俗为“追节”，一方面表示婚约有效，另一方面也是联络和加深感情的一种方式。福建将此俗叫“送节”。也有另把春节送礼叫“送年”的。

送节礼物颇有讲究，有些礼物是必不可少。湖北把类似的“送节”之俗称之为“送节礼”、“送年节”、“提节”等。男方送节礼都少不了提两瓶酒。这也是江汉地区民间称女儿为“坛子”或“酒坛子”的缘故，其意是养了女儿有酒喝。女方收到节礼后，除奉上一碗荷包

① 河南省地方史志办公室编纂：《河南省志·民俗志》，河南人民出版社，1995。

蛋、杀老母鸡招待男方外，有的还回赠女子亲自做的布鞋、绣花的鞋垫等物[①]。土族订亲仪式以后，双方逢节日要走动，多是男家长辈或本人前往女家，此时女子要回避。过年时，男方要送女方一只至少6公斤的猪腿。男女双方长大成人时，男方还要送一只有猪尾巴的大猪腿，女方同意当年结婚，则收下；不同意当年结婚，则将猪尾巴割下退回男方[②]。

节令食品也是送节礼时需要考虑到的。赣南客家聚居区，男方依俗逢端午、中秋、重阳、春节等节日向女方送礼。此俗称“送节”或“捎节”。而不同的节日所送礼物不一样，通常捎端午节时除送“三牲 ”外，还会送些夏令时节的服装、雨伞、扇子、苎麻、粽子之类的东西；送中秋节，礼物大体与端午的相似，不过粽子改为月饼、柚子等；送年节，则送些冬季服装、火笼、苎麻等礼物，有时还会添些年果年糕，而所送“三牲 ”的分量则要更重些。但不论在哪个节日送礼，礼物均须贴上

① 李惠芳：《中国民俗大系·湖北民俗》，甘肃人民出版社，第213页，2002。

② 李盛仙：《少数民族的婚俗食物缘》，《东方食疗与保健》，2004（12）。

红纸或染成红色，表示吉祥如意、红红火火[1]。

除了三大节日送礼以外，女方家中若逢大事，男方也要送礼给女方。如四川习俗规定，每逢女方父母的寿辰，男方也要送礼物到女家。而毛南人订婚后至结婚期间，逢女方家（包括其亲族、亲戚）有红白喜事时，男方家都要送大量的礼物；往往因此造成“单身汉”或“穷人家”的男孩无法婚配[2]。

云南丽江纳西族男女订婚以后，每年夏收季节，男方都要请女方到家中帮助收割，并送给女方家麦子或其他粮食，作为姑娘私房的一部分。西北保安族人不仅不请女子帮助干活，每年的粮食收获后，男方父母还要给姑娘家中送去一些用新打的粮食做的蒸馍等食物，称为“尝新面”。与此同时，还要根据自家经济条件送上衣料若干[3]。

送节之外，北方也有请女子到婆家过节的习俗。在

---

① 蓝希琳、罗琼：《赣南客家婚俗及其社会文化功能分析》，《湖北民族学院学报》（哲学社会科学版），2005（1）。

② 石毅刚：《黔南毛南族婚俗的初步调查》，《黔南民族师专学报》（哲社版），1994（2）。

③ 马建春：《保安人的婚俗》，《西北民族研究》，1990（1）。

陕北，订亲后，两家确定了婚姻关系，女子可以媳妇身份到公婆家小住。山东济南有“叫六月”的习俗，即农历六月六，订了婚的女子要去婆家住两天，男方要给女方一点现金当做礼物。在辽宁南票，节日前夕，未婚夫要来接未婚妻到他家过春节、端午节和中秋节。20 世纪 80 年代以后，鲁南也兴起了订婚后女子到男子家里过年的习俗。这种习俗，有利于未婚媳妇尽快熟悉婆家，等将来正式嫁过来以后，可以很快地适应婆家的生活。

第三章

待　嫁

既然聘礼已经送过，结婚的日期也确定下来了，如果没有非常特殊的情况，一般不会变更，从此双方加紧做结婚的准备工作，有时亲家之间也会就此进行交流。山东鄄城、阳谷一带，在“送好”之后，结婚之前，男女双方家长通过熟人约好在集市见面，男家说明如何迎娶，女家说明如何陪嫁送客，俗称“两亲家打对头”。

为结婚做准备，人们俗称“备喜”，就是为迎娶、出嫁做好一系列的准备。对女方而言，除了置办嫁妆和嫁衣，接待在结婚前夕赶来祝贺的亲友以外，最主要的就是打扮女儿，并为男方迎亲做好相应事宜。

备嫁妆与添箱

一、备嫁妆

喜日一旦确定，女方就开始了备喜工作，其实主要的还是准备嫁妆。嫁妆包含日常用品和新娘出嫁当天所穿的嫁衣，其多少或好坏是由女方的经济条件决定的，女家会尽量把嫁妆、嫁衣办得体面些。但是一般农家对此也并不十分在乎，认为“日子在人过”。因此有俗语曰“好男不吃分家饭（好男不图分家产），好女不穿嫁时衣”。

女方备嫁妆所需资金，大多是以男方送来的聘礼为主，然后自家再添置一些。过去穷人家无力购置嫁妆，有的主动要求男方买或送钱帮助陪嫁。以山东地区为例，泗水俗称为“一头苦”。不过一般来说，父母都会尽最大能力陪送女儿，只有家境极其贫寒或女儿极不像话（如不孝敬、懒惰、生活不检点等），让父母丢人现眼或伤透了心的，才不陪送嫁妆。鲁南将此俗称做“夹着个包袱走”。过去特别贫穷的家庭只能使用母亲的旧嫁妆，或者用包袱包几件随身衣物，俗称“轿里掏包袱”。也有些地方根据男方所送聘礼的多少来为女儿置办嫁妆。如赣西萍乡，讲究“赠钱嫁女”、“就钱嫁女”、“赚钱嫁女”。20 世纪 80—90 年代以后，女子向男方索要嫁妆的越来越普遍。人们认为，嫁妆应该由男方来置办，男方置办得越漂亮，说明女方越有脸面。

嫁妆在不同时期的数量、档次、样式甚至加工方式都不一样。在 20 世纪 80 年代以前，谁家生女孩，就栽种一棵楝子树，等女儿出嫁时请木匠加工即可。如过去潮州新娘的嫁妆少不了木箱之类，大多由娘家请人打制，少数可到市镇购买。隆重的陪嫁被称为“全厅面”。“全厅面”即新娘到夫家后，卧室、堂厅上面所必需的一切物品，如炕床、圆桌、鼓椅、成对交椅、皮箱、五桶（饭桶、碗桶、脚桶、腰桶、马桶）、梳妆台、金银首饰等。还要用红口袋装上谷种，用整根竹苗当扁担挑着，随着新娘带到夫家[①]。现在绝大多数家庭都是到县城家具专卖店购买，那些式样新颖、美观大方、豪华气派、做工精细的家具是人们的首选，如下表所示。

① 《潮州人的人生礼俗》，南方网。

鲁南不同时期嫁妆的具体内容

时间	20世纪50年代	20世纪60年代	20世纪70年代	20世纪80年代	20世纪90年代	21世纪初期
嫁妆内容	1套桌柜	1套桌柜	1套桌柜	1套桌柜	1套桌柜	1套桌柜
		1对马杌子	1对马杌子	1对大椅子	8个小椅子	8个小椅子
			1个菜橱	1个菜橱	1个菜橱	1个菜橱
				1个大衣橱	1个大衣橱	1个大衣橱
				1个写字台	1个写字台	1个写字台
					2把折叠椅	2把折叠椅
					大、小八仙桌	大、小八仙桌
					全套沙发	全套沙发
					风扇	风扇
					彩电	彩电
					VCD	VCD
						洗衣机
						冰箱

从上表来看，鲁南地区的嫁妆随着时代的发展，逐渐由简单变得丰富。实际上表格所反映的，几乎是许多地方的趋势。广西中部一带的嫁妆也经历了与鲁南类似的变迁。男方“报期”后，女方便着手准备嫁妆。以前的嫁妆，黑白蚊帐各一床、棉被两床、衣服四套、箱子一对或两对（一对红漆，一对黑漆）；有些还有一个衣柜、一个木盆、一个搪瓷盆子。20世纪80年代的嫁妆为高柜一个、缝纫机一台、自行车一辆，有的甚至给收录机、电视机、电风扇等[①]。

① 黄革:《桂中婚俗十五曲》，《中南民族学院学报》（哲学社会科学版），1988（6）。

现在，父母嫁女时赠送农业生产技术也成了一些地方的新风尚。20 世纪 80 年代末以来，随着科技兴农热潮的兴起，人们逐渐认识到科学技术在农村的重要性。如广东南雄县黎口乡，其他嫁妆可以不要，但书柜一定要有。送嫁时，不论嫁妆的档次有多高，书柜总要排在第一位，先入洞房。书柜内装有水稻、黄烟栽培技术和优生优育、法律常识等普及读物。1991 年黎口乡结婚青年 161 对，其中有 83 对做了书柜①。

备喜的事务中，除了嫁妆和新房，双方都要为新人套被子，因被子也是嫁妆中不可缺少的部分。制作喜被还有一套习俗，在北方地区尤其丰富。辽宁南票地区套被子，用的是婚前男方送来的“押婚布”（即女方做新婚被褥所用的白布）和棉花。被面、褥面则由女方家准备②。河南焦作在日子定好以后准备嫁妆，缝制新被。部分地区选择双月做新被，须请九个“全人”（有女婿或儿女双全的妇女）来缝制四到六条棉被。修武有首《装被谣》，是人们在缝制新被时所哼唱的：

---

① 刘志文：《广东民俗大观》，广东旅游出版社，第 306 页，1993。

② 姜明、侯丽清：《南票地区汉族婚俗的调查研究》，《阴山学刊》，1999（3）。

咕噜升，咕噜斗，引个小孩来回走；

七人装，八人翻，举人秀才往里钻。

今天撒大米，过年得大喜；

今天撒绿豆，过年得侄漏（儿）；

今天撒颗盐，过年大喜面。

由此可知，做被子时，人们会在棉被中撒进盐、大米等物（部分地区缝入“九籽棉”，取其谐音象征多子多福），祝愿新人早生贵子。另外，男方还要为女方制作新棉袄、新棉裤，如民谣传唱“要想好，穿婆袄；要想富，穿婆裤”[①]。

山东地区在套被子方面更为讲究，禁忌尤多，数量上一定要是双数，一定要用新布、新棉花。沂蒙山区有的地方还讲究棉花要带籽。套被子时，棉絮中要放些红枣、栗子、花生，取“早立子”、“掺和着生”之意。有的地方被子角上要缝上钱币，寓意富贵。被子套好后，鲁南习俗规定，婆家套的被子应有一床敞着口（即不缝合），铺床时应将敞的一头放在男方睡觉的一头；要留下四个角不缝合，留给新娘补缝上，以考验新娘做针线活的水平，并借此教

---

① 邢怒海：《焦作传统婚俗文化与民间歌谣》，《焦作师范高等专科学校学报》，2003（4）。

育新媳妇要勤劳。套被子也有许多禁忌，不能请无儿女者或者儿女不双全的人套，不能请寡妇套；农历九月里不能套，据说是九月里九女星占上风，婚后要生九个女儿以后才会生男孩。如果婚期定在九月，非套被子不可，那么套被子时要在棉絮里放一些菊花破解。

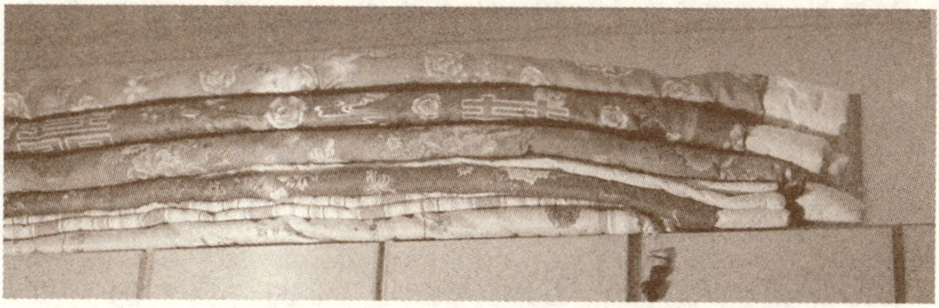

娘家赔送的花棉被 秦荣艳 摄

除了家具、被褥以外，娘家还要为女儿准备好嫁衣。过去山东泰安的嫁衣一般要请名师来做。有钱有势的人家，要做十身单衣、十身夹衣、十身棉衣、十身外衣、十身睡衣（内衣）、被褥两套，并陪送两匹绸或缎；有的箱子内还要压金银珠宝、玉器、名人字画等[①]。穷人家女儿的嫁衣则比较简单，有的干脆只穿婆家下催妆时送来的衣服结婚。

现在人们多选择到城里买那些款式大方、时髦的成

① 李伯涛：《泰山民俗》，山东画报出版社，第 125 页，1996。

衣。但有些东西还需要女方亲手制作。如在山东郯城一带，女方做嫁衣时还要给男方做一双鞋。这双鞋叫“压柜鞋”，放在柜里，结婚时连同嫁妆一起抬到男家。有些民族要亲手缝制一部分嫁妆，如湖南西南部高寒山区的花瑶姑娘的嫁妆是自己一针一线缝制出来的。不过，喜马拉雅山区的夏尔巴新娘的全套穿戴却无须自己费力，因为当地习俗规定，这些全由男方为新娘制作。

嫁妆厚薄可因贫富而有差别，但某些嫁妆却是无论穷富都必须置备。这些东西价格低廉，但在日常生活中却一日不可离开，其用意不在奢华，而更重其吉利象征。南方多数地区，嫁妆中不可缺少的是马桶、洗澡盆、灯等几样东西。马桶俗称“子孙桶”，澡

杭州嫁妆中必备的马桶叫“子孙桶”

盆俗称“祖先盆”；而“灯”与“丁”谐音，取意早生贵子、人丁兴旺。置办嫁妆时，福建人普遍忌讳以床陪嫁。在福州，人们还要往箱子中放入几枝四季花，或几捆草纸（卫生纸），以示压邪；衣物放妥后，最上层要放些糕和糖。有的地方，箱子抬出门时，必须要在门槛上碰一下，以便留下其中财气，防止被嫁女带走①。

这些具有特殊象征内涵的物品，不拘物品贵贱、大小，凡有特定意义者，父母均要放入女儿的嫁妆之内。澎湖列岛一些偏僻的村庄，母亲要为女儿准备一个“暖肚”，里面裹着两个橘饼（象征大吉）、一面小镜子（象征光明）、一枚银元（象征团圆）、一片犁头铁（象征爱情如铁）、一小包冰糖（象征甜蜜）、一本历书（象征驱邪镇煞）②。广东梅县客家人结婚时都要有“油纸伞”陪嫁，是取好兆头的物品③。广东饶平的新娘嫁妆中，做母亲的一定要送给出嫁的女儿一盒缝衣针和一个骨梳。其他物件可以少，但这两项不可缺。到了夫家以后，新娘就把针分别上门送给族人和邻居的大娘大婶等女辈，意思是用针缝

① 林国平：《福建省志·民俗志》，方志出版社，1997。
② 石柱国：《台湾婚俗奇观》，《现代交际》，1996（7）。
③ 刘志文：《广东民俗大观》，广东旅游出版社，第302页，1993。

紧各位女辈的嘴，期望凡事能得到大家的包涵和指教。骨梳则是希望女儿遇事要像梳头发一样有条不紊[1]。江西安远新娘出嫁时，往往随带一把剪刀和一个酒壶。剪刀寓意女方善于做针线活；酒壶代表两层含义，一是新娘善于烹饪，二是新娘很会待人接物[2]。

鲁南一带嫁女儿，则要新娘的侄子或弟弟抱着一只鸡，俗称“抱鸡”，谐音“抱吉”。这鸡在福建、台湾一带叫“引路鸡”。“引路鸡”并不会引路，但它是台湾姑娘出嫁必不可少的婚礼“演员”。姑娘订亲后，做家长的准备嫁妆的同时，还要选购一对健壮的公鸡和母鸡，公鸡要刚会啼鸣，母鸡要即将下蛋。总之，这两只“鸡演员”，看上去必须“精神抖擞”，不能“垂头丧气”。到了女儿出嫁这天，做父母的要买两根九尺长的红纱绳，一头缚住公鸡的脚，另一头绑住母鸡的脚（均以能走路而不至于逃脱为限）。然后把它们抱进一个有彩绘吉祥图案的新饭篮中，由陪同新娘的伴娘，像护送高级贵宾似的送到新郎家。由于这两只鸡挂在车前，像导游似的，故称为“引路鸡”。到了新郎家

① 刘志文：《广东民俗大观》，广东旅游出版社，第304页，1993。

② 蓝希瑜、杜娟芳：《安远客家婚俗初探》，《赣南师范学院学报》，2004（2）。

后，则改称为“公婆鸡”或“夫妻鸡”，用意是预祝新婚夫妇和睦相处，恩爱到老。台湾方言的“鸡”与“家”谐音，因而，这对可爱的动物，还担负着男女双方亲家“两家（鸡）亲”的善良、美好愿望。而那九尺红绳则是隐喻“长久（九）”之意。当新娘入洞房后，媒人或大姑大嫂赶紧上前解开拴鸡的红绳，将“夫妻鸡”放到新婚床底下。若“鸡公”先出来，便满堂喝彩：“头胎生男孩！”若“鸡母”先行一步，人们也会用吉语应变：“先生阿姐后招弟”。台湾民间很看重这对婚俗演员，无论如何要养好护好，即使自然死亡，主人也不忍心烹食，还要将它“厚葬”入土[①]。

一些地方还有专门展示嫁妆的仪式，俗称“摆嫁妆”、“亮嫁妆”。土族姑娘出嫁时有摆嫁妆仪式，主要是让左邻右舍和前来贺喜的客人观赏，其中既有照老规矩给的一些衣饰，也有摩托车、缝纫机和洗衣机。最夺人眼目的还是那些充满民族特色和女儿情韵的衣饰，其中精心缝制的七花袖衫最为经典[②]。和摆嫁妆仪式相似的是广东澄海的亮嫁

① 石柱国：《台湾婚俗奇观》，《现代交际》，1996（7）。

② 萧黛：《晨光中待嫁新娘的喜泪——青海土族婚俗纪实》，《中国土族》，2003（3）。

妆仪式，新娘在婆家展示嫁妆，还要从嫁妆布料中找出合适的布料分赠给公婆及丈夫的兄弟姐妹。

二、添箱

姑娘出嫁，父母不去送亲，而是委托一些人把她送到男方家，这是各地较为普遍的习俗。婚期临近，新娘父母要提前安排好送嫁女的人。安排送亲角色的同时，亲友也逐渐知道了姑娘的嫁期，因此会在结婚前夕赶来送礼表示祝贺。

一般来说，北方地区担任“男送亲的”一般是女子的大伯、叔叔、舅舅、哥哥，担任“女送亲的”一般是大娘、婶子、嫂子。两男两女送女客在嫁前一两个月就安排好。送亲的不必就是四个，可以只有一个男送亲的，也可以没有。除了对新娘的亲属关系方面有所限定以外，人们认为送亲者的运气将会带给新娘，因此，此人必须是“全福人”，即上有父母，下有儿女，而且并非再婚之人。

南方一般有专门的“送嫁婆”角色，其职责重大，所负责的事务十分琐细。以台湾省的婚俗为例。婚礼那天的一大清早，送嫁婆便打扮整齐，被请到女方家。送嫁婆要给新娘开脸梳头、穿衣打扮，并教新娘怎样当好贤妻和好儿媳。等男方迎亲的队伍一到，送嫁婆就安排新娘与父母兄弟等亲人，一起上酒席，俗称“象头桌”。酒过三巡，新娘含泪辞别父母等亲人，由送嫁婆戴上花头巾送出家门。当新娘来到男方家时，送嫁婆就得扶着新娘下车，并唱道：“新娘脚下地，生儿育女都顺利。”当公婆俩迎接新媳妇入门时，送嫁婆又唱道：“新娘走进门，新郎家中都和顺。”接着送嫁婆手中又拿着一只农家用的米筛，将它高高举起，唱道：“米筛举得高，生儿育女是文豪。”新娘每到一处，送嫁婆都要说上一句“好话”，直到整个仪式结束①。

有些民族还特别组成团体来应对迎亲和送亲。云南蓝靛瑶为了招待男方派来迎亲的礼宾团，女方父母要聘请两位傧相、三位堂上老人、两名招姑。傧相必须是未婚男性青年，要懂得本族婚姻习惯及其礼仪，懂得汉文，有一定文化水平，要会唱歌；堂上老人必须是六十岁以上的男性，熟悉本族婚姻习惯和本族的历史，且能歌善唱，受女方委托主持嫁女的事务；招姑必须是未婚女性，要善于唱歌，负责招待礼宾和客人②。

---

① 石柱国：《台湾婚俗奇观》，《现代交际》，1996（7）。

② 赵廷光：《云南蓝靛瑶婚俗》，《云南社会科学》，1990（1）。

此外，另有一些特殊角色也要提前安排妥当。辽宁南票在送亲队伍里有一个小孩坐在新娘的陪嫁物上，俗称“压福”，一般由新娘的侄子或外甥担任。到男方家后，男方家要给小孩钱。这种习俗在北方比较普遍。但根据辽宁南票的习俗，送亲人员中最受欢迎的是新娘的妹妹，因当地方言中“有妹”和“有岁”谐音。据说此人能使新婚夫妇白头偕老，长命百岁[1]。

送亲者要提前安排好，而亲友们也在此过程中逐渐获知喜讯，就开始来给嫁女随礼。大多数地方，向女家送喜礼叫做“填箱”，亦称“添箱”、“添花粉”；向男家送喜礼叫做“送喜礼”、“送饭”。广东澄海把这种习俗叫做“送花粉”。当地流传一首与送花粉有关的“出嫁歌”。其词曰：

正月荆春萝，四娘欲嫁物哩无，
也无剪刀共鞋尺，也无梳仔好梳毛。
急急寄字分大哥，大哥赠伊金被箱，
二哥赠伊金鸳鸯，三哥赠伊金交椅，
四哥做官未返圆；大嫂赠姑头上钗，

---

① 姜明、侯丽清：《南票地区汉族婚俗的调查研究》，《阴山学刊》，1999（3）。

二嫂赠姑脚下鞋，三嫂赠姑龙凤髻，
四嫂赠姑鬓角钗；外公外妈赠耳钩，
内公内妈赠枕头，同寅姐妹赠雨伞，
雨伞擎起遮娘头[①]。

给女方送礼，一般都是自家亲戚亲自上门。有些亲戚买糖果、柿饼之类食品放到果盒里送到主家。因这些果盒是用来装箱子、柜子的，此俗由此叫“填箱”。新娘的至亲如姑妈、姨妈、舅舅、叔伯等人赠送的礼物要多一些，一般都要有一定数量的钱币，再加上布料或床上用品。父母、姐姐还要给压柜钱、压腰钱。果盒收下后，如不收喜礼，主家不必给喜帖，他们也就不去喝喜酒。山东一些地方，装箱、摆盒时，将上好的糕点连同果盒放到柜里，以备新婚之夜新郎新娘共同享用；一般的糕点则放到食盒里，留作新娘婚后磕头拜见长辈时的礼物。河南林县添箱一般是以一份礼（两斤米、两斤粉条、六尺布或针织品）做礼物，叫“给嫁女添箱”；合涧一带用的是馍馍和麻花，叫做“给嫁女送饭”[②]。

---

① 《潮州人的人生礼俗》，南方网。

② 李金生：《林县民俗志》，黄河文艺出版社，第219页，1988。

亲友送来礼物后，装箱、摆盒的工作往往由嫁女和自己的嫂子共同进行，嫂子一边装箱摆盒一边向临嫁的小姑传授婚仪、房事知识及为妇之道。装箱时，先由姑、姨、婶子或大娘用红纸捻成灯芯，沾油燃着后，将箱、柜、橱等依次照过，意思是驱邪除恶；接着把要带的东西装好，并用封条封住。

除了新娘的至亲以外，她的好友也会有所赠与。黔东南苗族的习俗是，寨子里的哪一位姑娘要出嫁了，同她朝夕相处的姐妹们不是赠送礼品，而是一起相约下田抓鱼，赶集买肉，给她煮“姊妹饭”①。从20世纪70年代开始，逐渐有女子的同学、好友、同事开始送亲，鲁南把她们称做“小姊妹团”，现在有些地方也有“伴娘”的叫法。一般是要好的几个小姐妹，互相商定在其出嫁时，共同送到婆家，并买些礼品作纪念。

催妆与梳妆

临近嫁娶，新郎新娘都要沐浴、整容、更衣，尤其新娘更要着力打扮一番。男方要在喜日前给女子送催妆，女

② 杨少辉：《雷公山婚俗拾趣》，《中国民族》，1989（7）。

子则在送催妆之后开始梳洗打扮，有些地方在此时给新娘“上头”、“开脸”。最后新娘要换上嫁衣，准备辞别娘家亲友。

一、催妆

迎娶前一日，许多地方有男方给女子送催妆的习俗，或称“下催妆”，意思是催促女方抓紧做好出嫁准备，同时也了解一下女方届时会来多少客人。北方的催妆习俗内容比较丰富，南方也有类似习俗。如福建有些地方是在婚礼当天早上，备礼随迎亲队伍送往女家，实则也是催促新娘出阁的意思。

山东地区一般在结婚前一两天，男家派人到女家送“催妆衣”，同时要送“催妆礼”，称为“下催妆”，或称“下催妆衣”。目前青州的催妆用食盒盛放，内有四层，由下往上，第一层放新娘的棉裤和棉袄；第二层放两块猪肉和两条嘴里夹红纸的鱼；第三层放一些干粉（用红纸包着），四斤点心，这就是所谓的两湿一干礼；第四层放一些面、栗子、枣、花生、八双假筷子以及新娘的脂粉，还有一对枕套、红盖头、一对带子、一把红绳子、两双袜子、两个顶针、一副耳环、一副耳坠、一对葱和一对艾、十张

下催妆 秦荣艳 摄

大红纸；再剪一些新郎的头发，用红纸包好，另外再用红纸包上二十块钱。食盒装好之后，一面贴上大红喜字，一面用红封条封好。一条封条上写“公元×年×月×日　谨封”，另一条上写“中华人民共和国 吉期喜盒”，食盒上面再挂一对活的大红公鸡，这样就可挑着送到女方家里去了。女方收到催妆，回赠男、女皮鞋各一双，接着派人带着衣物、红绳、火烧、小麦及现金若干去男方家里“添柜”。山西的“催妆”仪式在大多数地区在迎娶前几天或头一天举行，也有的在迎娶当天早上的，男方要打发人往女方家里送首饰、衣裳、酒肉等礼物①。

送催妆时，衣服是不可缺少的礼物。过去山东泗水在婚礼前几天，男方派人送红棉袄、红棉裤、红百褶裙、红绿扎腿等物，俗称“催妆”。现在还有这种习俗，只是催妆礼中仅有红棉袄、棉裤而已。红棉袄、红棉裤是山东常用的下催妆的礼物，讲究越厚越好，多由新娘的小叔子送去，并借此机会了解女方在喜日当天送亲的人数，以便准备席面。峄县的催妆衣中，除红袄、红裤、红盖头外，还要送

添柜 秦荣艳 摄

① 温幸、薛麦喜：《山西民俗》，山西人民出版社，第14页，1991。

一床新被；而蒙阴的催妆衣中还要有带子、袜子之类，取其带（挖）来儿子之意。

一般来说，送催妆均是男方送给新娘，但个别地方的“送催妆”却与此不同。山东日照临近婚期女方亲戚邻居馈赠衣料、点心等礼物，也叫“送催妆”；男方亲友馈赠礼品或钱币，名为“看喜”。看来，这里的“送催妆”应该是上面所说的“添箱”。

二、开脸、上头

新娘上轿之前，女方都会把新娘从头到脚精心打扮一番，使新娘容光焕发，格外俊俏。如广西贺县的姑娘在出嫁前半月至一月之内，必须留在家里“修容”，使待嫁新娘调养得更加红润俊俏[1]。人们一般认为，开脸和上头是女子由姑娘向媳妇转变的标志。此俗流行于各地，但时间不太统一。

以前，广西东部、北部大部分地区的汉族姑娘要在嫁日的前一天将长辫挽成髻盘于头上，俗称“上头”，表示待嫁姑娘要成家。赣南和湖南把开脸称为“开面”，也是在出

---

① 广西壮族自治区地方志编纂委员会编：《广西通志·民俗志》，广西人民出版社，第235页，1992。

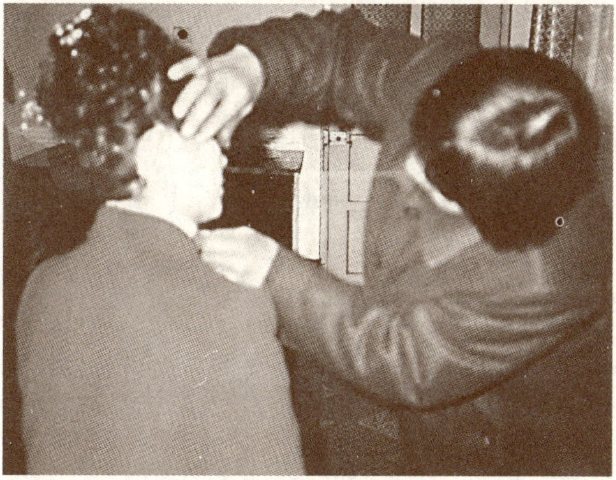

迎亲的给新娘开脸 刁统菊 摄

嫁前一天进行的，绞去脸部汗毛，并为她梳头、戴花、着新衣。只有经过开脸的姑娘才算成人，此后不再是“毛头姑娘”或“毛毛女”，可以出阁嫁人；这同时也是女孩的成年礼。其中，湖南常德在给姑娘开脸后，还要依照习俗备“女儿宴”宴请亲友，晚上再举行女儿的“辞家礼”[①]。而山西兴的是上轿前请全福之人给新娘“绞面”，也称“开面”。河南郑州一带，则要等到新娘入洞房后再上头。

即使同在山东地区，各地差异也比较大。有的地方早

① 满大启：《常德地区民俗志》，中国文史出版社，1994。

在“送日子”定下婚期后就上头，有的地方则在临上轿或者入洞房后上头；有的地方上头和开脸一起进行，有的则在婚后第三天才开脸。上头时，通常让新人坐在马鞍上或者圈椅上，取“马上来，轿上去”、荣华富贵之意。梳妆打扮毕，搭上蒙头红①。

鄂东南给新娘开脸时要请两位全福人。该仪式在出嫁前一天举行，由两位已婚且有儿有女的妇女用两根线扯光新娘脸上的汗毛，一人在前，一人在后，用口含线予以配合。线有的是一根红线、一根绿线，有的是两根红线，有的是一根青线。有时只请一人给新娘扯脸。出嫁时扯掉脸上的汗毛，以示焕然一新，标志着新娘再也不是未婚少女了。开脸时，两位妇女还边扯汗毛边念《开脸歌》予以祝贺：

左弹一线生贵子，右弹一线产娇男。
一边三线弹得稳，小姐胎胎产麒麟。
眉毛扯得弯月样，状元榜眼探花郎。
我们今日恭喜你，恭喜贺喜你做新娘②。

新娘要修饰面容，新郎也要理发和剃脸。湖北东南部

---

① 山曼等：《山东民俗》，山东友谊出版社，第190—191页，1988。

② 柯小杰：《中国民俗知识丛书湖北卷》，“民间文化青年论坛”网站，2006。

不仅要给新娘扯脸，在婚礼头一天夜里，还要给新郎剃“新婚头”，请理发师到家中来给新郎剃头。在剃头时理发师要念《新婚剃头歌》，给新郎诸如“头戴金顶，麒麟展翅”之类的祝福。剃完后，主家要封礼给理发师[①]。

现在随着生活水平的提高和人们审美观的发展，新郎新娘的装扮慢慢与城市无异。散布在村庄、城镇里的美容厅和理发室，琳琅满目的化妆用品，为新人的修饰提供了极为方便的条件。开脸和上头习俗逐渐成为形式化的东西被保留下来。

三、嫁衣

除去面部和头部的装扮以外，嫁衣是最让新娘向往的了。穿着嫁衣时，传统上还有一些禁忌需要遵循。例如，山东、江苏等地，新娘不能穿衬衣，否则死公婆；也不能穿单衣，否则生活单薄。因此即使婚期定在伏天六月，新娘也要穿棉袄，此俗被称做“穿富贵”。20 世纪 70 年代以后，随季节穿衣的习俗越来越普遍。鲁南新娘脚上过去要

① 柯小杰：《中国民俗知识丛书·湖北卷》，“民间文化青年论坛”网站，2006。

穿绿绣鞋，不能穿红绣鞋，否则就是“跳火坑”。河南温县部分地区却认为新妇穿红鞋象征日子红火；新妇父母还要在女儿嫁衣上别绣花针，据说可以防止邪鬼附身[①]。不过，这些禁忌现在大多都已经消失了。随时尚和季节穿衣是许多新娘的心愿，但仍有一些地方特色被保留下来。如广东东部的新娘穿嫁衣之前要沐浴，水中要放十二种植物的花或叶，如石榴象征多子。沐浴以后，新娘还要坐在浴盆里吃下两个熟鸡蛋，据说可以保佑新娘婚后产育顺利[②]。

嫁衣多为红色，象征喜庆。山西一些地方如榆次的女子做新娘时，要换上一件重绣重滚、花团锦簇、盘扣精致、腰身毕现的大红小袄，穿上红裤、平底绣花鞋，黑发高高盘起，鬓边别一朵玫瑰花，最后戴上凤冠。这时的新娘敛眉低首，脸面含羞，如一枝欲绽的花蕾，像宫灯一样照亮了周围一圈人[③]。按照陕北婚俗，新娘出嫁要穿红色上衣，取“洪福”的象征，并用红绸盖头[④]。

---

① 邢怒海：《焦作传统婚俗文化与民间歌谣》，《焦作师范高等专科学校学报》，2003（4）。

② 《潮州人的人生礼俗》，南方网。

③ 樊宇：《尘封的古村落——山西省榆次区后沟村影像调查》，山东电子音像出版社，第125—128页，2005。

④ 岳珑：《陕北婚姻习俗》，《华夏文化》，1997（2）。

除了红色以外，黑色也是一些地区在嫁女时所青睐的颜色。赣南客家新娘出嫁时一般披黑头盖，穿黑衣服，撑黑伞。据说，伞是由以前的花轿蜕化而来。伞上要挂红枣一串取意为早生贵子，挂花生一串取意为子孙满堂，挂桂圆一串取意为团团圆圆。为了防止婚后生活好了别人“眼红”，避免与人发生口角纠纷，所以新娘出嫁时身穿黑装，显得严肃而不招摇[①]。

打扮一新的新娘 樊宇 摄

广东海丰、陆丰一带人家在婚服上重视的却是许多地区非常忌讳的白色。其结婚礼服被称为“嫁衣裳”，通常由五件上衣组成（也有三件或七件的）。上面一件由夫家送来，多为礼服；第二件为苫麻衫，必须反面穿上；第三件

① 蓝希瑜、杜娟芳：《安远客家婚俗初探》，《赣南师范学院学报》，2004（2）。

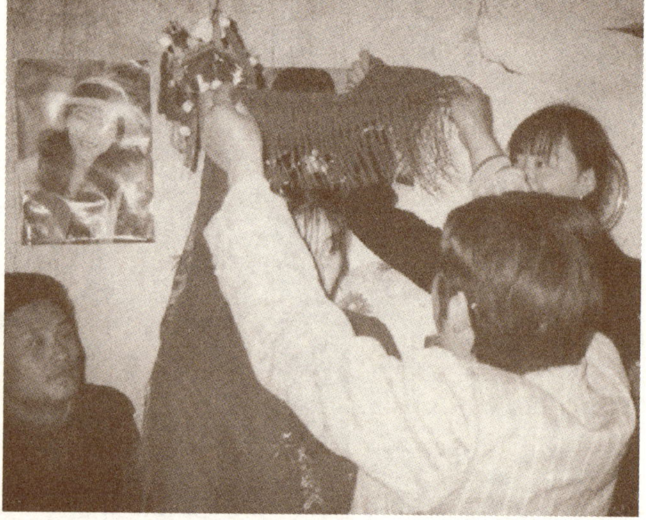

送亲的给新娘戴上红盖头 刁统菊 摄

为白衫，俗有“死人打扮”之说[1]。

新娘的穿衣打扮，在少数民族地区表现出极为强烈的民族色彩。畲族新娘的打扮颇为别致。扎着红色绒线的发髻盘在脑后，头上戴尖角头冠；头冠外，扎四根用数百粒白色珠子串成的珠带，插着银钗；头冠下披一条约一尺长、三寸宽的小红绶，显得艳丽夺目；一块圆形的银牌上，缠着三块小银牌，悬挂在额前。新娘耳垂一般佩挂银质

① 《潮州人的人生礼俗》，南方网。

耳环，项颈佩着银质项圈。新娘左手的无名指上，戴一枚九连环的银戒指，取其日后有九子十二孙之意。新娘的服饰是大襟衣衫，衣衫袖口、胸圈上方均绣有五颜六色的图案，绚烂鲜艳；腰间扎蚕丝编织的腰带；脚上穿花鞋，鞋尖上还有一束红穗①。

漂亮的土族新娘是由姑姑、婶婶、姨姨们帮助打扮的。新装包括内着的长衫，外穿七彩宽袖的绣花衫子，以及合体的坎肩、精美的褡兜、多彩的腰带、红色的褶页裙、华贵的毡帽和新鞋，还有叮当作响的各种首饰。最后用蓝色盖头将新娘的眉眼裹了，再用大红色的盖头完整地盖在新娘头上②。

福安畲族新娘凤凰装

① 傅良基：《畲家婚俗》，《中央民族大学学报》（哲学社会科学版），1984（4）。

② 萧黛：《晨光中待嫁新娘的喜泪——青海土族婚俗纪实》，《中国土族》，2003（3）。

漂亮的土家族新娘和娘家人在一起

嫁衣自然是非常美丽而且与众不同的，因此刚结婚的新媳妇和姑娘区别十分明显，在娘家和婆家之间走动时人们一眼就能看出来，因为她们的发式不一样，穿着也不一样。姑娘一般穿得都很普通；而新媳妇的衣服，过去多是粉红衫子、葱白绿衫子或桃红衫子，现在大多是颜色亮丽的红色套装。除传统服装以外，现在农村新娘穿婚纱的也越来越多了。但新媳妇也不能总穿嫁衣，嫁到婆家以后，会渐渐改换装束。一般傣族妇女婚后三天至七天就改变装束，改装后四五天内不能串门和随便出家门[1]。

现在大多数地方的婚服，新郎多是西装革履;新娘则衣着多样，有些是穿婚纱，有些是穿传统服装。整体上来看，传统的重红习俗仍被沿袭，新娘所穿婚纱也多以红色为主。而且新人胸前都会佩戴写有“新郎”、“新娘”字样的红色绢花，这也起到了一定的点缀效果。

哭嫁

一、辞别

新娘将要出嫁的头一天晚上，各地有亲友为新娘饯行的习俗。其主要内容不外乎父母叮嘱女儿，到了婆家一要孝敬公婆，二要妯娌和顺，三要夫妻和睦，四要勤俭持家，等等。女儿则叩谢父母养育之恩，拜谢亲友的关怀之情，表示谨遵家教，不给娘家丢脸等。

此类仪式在许多地方颇为隆重。福建习俗，在女儿出嫁前，置备酒席，叫“出嫁酒”，也称“送嫁酒”、“嫁女酒”、“起嫁酒”、“出门酒”，等等。这种饯行习俗在山东

① 管彦波：《头面装饰与生命礼俗》，《民俗研究》，1995（1）。

叫“暖轿”。如山东费县，在新娘出嫁头天晚上，父母要给新娘暖轿，请来唢呐手，让亲友、庄邻来热闹一下；还要点戏唱戏，看的人越多越好。这好似一场送别晚会，但羌族为新娘开的“女花夜”才是真正的欢送姑娘出嫁。举办“女花夜”时，新娘堂屋里灯火通明，备好丰盛的瓜果、菜肴。晚上七八点钟，花夜开始，新娘要坐上席，姐妹们依次入席，男方接亲的人也在座。新娘入席时要哭，倾诉父母养育之恩，姐妹们开始唱歌，接亲的人也要演唱“花儿纳吉”助兴，一直要唱到午夜，待凑热闹的人逐渐散去后，花夜才算结束①。苗族婚俗中也有类似的活动，只是参加的人仅限于新娘的好友与姐妹；与姑娘交往较好的男子也来参加，他们来主要是对歌。双方唱的是别离情歌或送别情歌等②。

在上轿前夕，新娘要拜辞娘家祖宗。不过，这种习俗在北方地区比较少见，南方还时可见到，只是仪式有繁有简。湖南梅山地区，新郎去岳父母家迎亲，待众客人喝完新娘辞堂酒（或称离娘酒），新娘要行辞祖礼。新娘在族亲

---

① 马宁：《羌族婚俗初探》，《阿坝师范高等专科学校学报》，2004（3）。
② 万昌盛：《奇异的苗族婚俗》，《华夏文化》，2004（1）。

长辈的领引下，面朝神龛焚烧三叠纸钱，点三炷线香，跪拜三次，并由新娘的族亲长辈诵祝词，祈求祖宗保佑新娘[①]。居住在云南罗平县九龙河一带的布依族，除了新娘以外，新郎也要向女方家的祖宗磕三个头才可起程[②]。

二、离娘饭

姑娘出嫁，意味着从此离开娘家成为男方家的人，父母亲及家人一方面要用吉祥圆满的心愿和方式祝福离家远嫁的姑娘，同时，也生怕姑娘离家又带走娘家的财富和幸运。围绕这种心理，也有一系列的仪式。

做父母的除了赠与嫁妆以外，也有一些象征性仪式来表达父母的祝福，希望女儿嫁过去以后，能早生贵子、夫妻恩爱，小日子也红红火火。广东饶平有新娘出嫁那天要与兄弟分钱米的习俗。由母亲在簸箕或竹筛中放上钱米，用力摇簸，边摇边念：“簸圆圆，簸后儿孙大有钱；簸匀匀，明年抱个男外孙。”然后把钱和米按兄弟人数和女儿各分一份，新娘拿后装入一个特别制作的肚兜，将钱米放在

① 刘红梅、刘楚魁：《梅山婚俗歌谣中的求子习俗》，《怀化学院学报》，2005（1）。

② 庞玲、曹银孝：《布依族婚俗》，《今日民族》，2002（12）。

夫家的米瓮里[①]。苗族则有给新娘一支火把的习俗，让新娘将光明和温暖带到夫家，使夫妻从此走上兴旺发达的道路[②]。

娘家给新娘一些祝福，新娘同样也有一些祝愿送给娘家人，希望娘家人平安、吉祥。和饶平的“分钱米”不同，潮州是新娘“分钱米”，即把一大堆混有钱币的大米，均分给家中兄弟姐妹，表示把财富分给大家[③]。台湾一些地方的新娘在出门前把嫁妆中一小部分布料匀分给家中兄弟姐妹，同样也有把财富分给大家的意思。保安族新娘离家时，有“撒五色粮”（麦子、大豆、玉米、青稞、小米，并掺拌有茶叶）的习俗，往门口退一步撒一把，直至走出娘家大门，表示将幸福和吉祥留给父母，报答其养育之恩。[④]

新娘出嫁时，有些东西是娘家禁止带走的，不然娘家的财运就会减少。这类禁忌几乎各地都有。山东有新娘出嫁时父母要在箱柜内放压箱钱、压柜钱的习俗。但在江西安远人看来，新娘如果带走了钞票则会把娘家的财运带走，娘家人从此就要受穷，因此，绝对禁止新娘带走家里的钞

---

① 《潮州人的人生礼俗》，南方网。

② 孙加臣：《我国少数民族婚俗中的火》，《云南消防》，1997（6）。

③ 《潮州人的人生礼俗》，南方网。

④ 马建春：《保安人的婚俗》，《西北民族研究》，1990（1）。

票。不过新娘可以带硬币，因为硬币在安远方言中称做“毫子”，人们不认为它是钱，反而因有“子”字而有“吉祥”之意[①]。江苏海州，女方陪送的围裙上不能有带子，人们认为“带”子会把女方家的好运气带走，因此陪裙不陪带成为不可更改的习俗[②]。广东东部有类似的习俗，新娘穿的衣服里里外外都不能缝上袋子，也是希望新娘不要把父母的幸运带走[③]。

一方面是新娘与娘家互致祝愿，另一方面娘家却禁止她带走某些东西，这种复杂的心理在新娘身上同样也有所体现。北方许多地方都有离娘饭、离娘饼、离娘肉、离娘酒、离娘水等说法，人们认为，新娘对这些食物的取用数量，几乎都与娘家、婆家的运气有关。

鲁南有娘家赠送女儿“离娘饼”的习俗。新娘出嫁头天晚上，母亲把柜的四个角落里分别放一对馍馍、一把面条以及两张面饼。面饼即叫“离娘饼”。

---

① 蓝希瑜、杜娟芳：《安远客家婚俗初探》，《赣南师范学院学报》，2004（2）。

② 刘兆元：《海州民俗志》，江苏文艺出版社，第44—45页，1991。

③ 《潮州人的人生礼俗》，南方网。

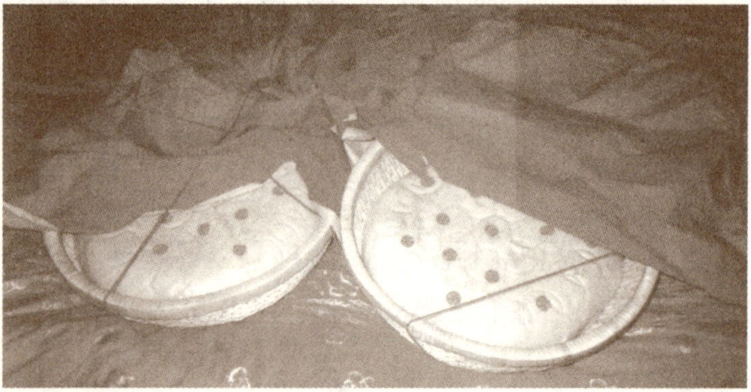

两张离娘饼 刁统菊 摄

而“离娘饭”一般在婚期的头天晚上进行，参加人有父母、叔婶哥嫂等。饭桌上按长幼落座，新娘的母亲张罗酒菜，并要亲自掌勺，别人是万万不能帮忙或代劳的。头道主菜是新郎家上午派人送来的一只公鸡和一只母鸡，这道菜称“离娘鸡（吉）”，意味着女儿离开娘家以后，定会大吉大利。除几道主菜之外，另配有一碗水饺、一碗面条、一碗米饭。“饺子”谐音“交子”，预祝新人早生贵子；面条则喻婚姻地久天长；米饭是白头偕老之意。饭菜备齐，母亲落座，新娘首先站起来，端起米饭递给父亲。父亲接过绕桌一周，再递给哥哥。哥哥端起碗传给新娘，新娘马上衔上三口，吐在早就放在桌上的手帕里。婶子或嫂子迅速将手帕包拢，放在新娘的衣袋里，让她第二天带到夫家去[①]。新娘此时也格外为难，吐少了夫家会穷，吐多了娘家会穷。因此聪明的新娘往往不多不少，吐一半吃一半。郑州一带新娘上轿前，娘家嫂子给新娘做的“催轿汤”，同样也是难为了新娘。一首民歌唱出了新娘的矛盾心理：

如若是喝了吧，怕穷娘家；
若要说不喝吧，怕穷婆婆。
罢罢，
我喝一半，留一半，
两头都过好生活[②]。

三、哭嫁

哭嫁是一种古老的婚俗。许多省市诸如山东、四川、重庆、广西、云南、贵州、江苏、浙江、上海都存在这种民俗现象。过去，桂中姑娘出嫁前一年或半年内就要学唱哭嫁歌。在出嫁前三天，每晚都哭唱。同时姐妹们和村里

① 朱道来：《鲁南婚俗二题》，《民俗研究》，1996（4）。
② 葛世钦：《中州民歌与婚俗》，《殷都学刊》，1986（1）。

的同伴、外村亲友姑娘们都来陪伴①。

现在的嫁娶仪式中，哭嫁大多是象征意义上的了。如土家族部分地区，现在依然保留着这一传统婚俗习惯，只不过多以歌唱为主，哭嫁的成分逐渐减少了。土家族女子在十三四岁时，就要参加“伴娘”和陪十姊妹活动，习哭词，练哭功，熟哭规，长见识，见世面。出嫁新娘，必须会哭，懂得哭规，循规蹈矩而哭，这是展示新娘才艺智慧和家传礼仪的一种传统形式。否则，将被族人视为没出息、不懂礼规的“村姑”。哭嫁所哭内容丰富，既要思念父母、兄嫂、姊妹，还要“哭”、“骂”媒人，甚至一些身边之物，处处都会引起新娘哭唱一番。此外，土家族新娘的哭嫁歌中还有一些是新娘即兴为不同对象哭唱的，如“哭木匠”、“哭石匠”、“哭先生”、“哭读书人”等。新娘兴之所至，凡熟悉的人和事，皆在哭唱范围。梳头时有“哭梳头”，即使新娘上了花轿，还得不断抽泣哭诉，这叫“哭婚轿”②。

同样是哭嫁，土族人将之视为一项礼仪，而大多数地方却把它看做是为娘家留财的象征。山西有“媳妇哭，娘

---

① 黄革：《桂中婚俗十五曲》，《中南民族学院学报》（哲学社会科学版），1988（6）。

② 廖从刚：《土家族婚俗中的哭嫁习俗》，《寻根》，2005（2）。

家富”的说法。闽南有句俗话，叫“哭好命”，俗信新娘出阁哭嫁，越哭娘家运气越旺。邵武俗谚则说“新人哭，两家福”[①]。浙江金华的习俗是，新娘出嫁前开始哭，直到起花轿后都不能停止，这叫“越哭越发”。有趣的是，台湾一些地方的新娘若是实在哭不出来，做母亲的只好发狠拧她一把，让她疼得哭了。而在山东，哭嫁是给娘家掉“金豆子”，据说如果新娘不哭，嫂子还要拍打着新娘哭呢！

土家族姑娘在哭嫁

① 林国平：《福建省志·民俗志》，方志出版社，1997。

有些地方除了女儿哭嫁以外，母亲也会大哭，内容主要是交代女儿到婆家以后要注意的事情。湖北阳新与大冶交界地带在哭嫁时有“哭百花”的习俗。在整个的哭嫁过程中，母亲以“花”贯穿于《哭嫁歌》的全部，将女儿以花作比，哭诉母女情深，劝喻女儿到婆家如何为人，对女儿未来的生活予以祝福。“杏子开花绿艾艾，我儿是我裙边带”等哭出了母女情深、难舍难分的天伦之情；“明豆开花成双对，恭贺我儿到婆家，好好心情对女婿，凉帽取得高挂起，绣鞋拾在踏板上”是教导女儿到婆家要好好地做人①。江苏海州的新娘一上轿，母亲就开始大哭，嘴里要不停地念叨，除心疼难舍的话以外，主要是交代女儿应注意的事项，诸如孝顺公婆，敬重女婿，早晚注意什么，做饭做菜注意什么，等等②。郑州一带，类似的叮嘱是由新娘的母亲通过民歌表达出来的，通常是严格要求自己的闺女出嫁到婆家以后，“要少吃嘴来多做活，夫妻二人要和睦，堂上要孝敬二公婆”③。

---

① 柯小杰：《中国民俗知识丛书湖北卷》，“民间文化青年论坛”网站，2006。

② 刘兆元：《海州民俗志》，江苏文艺出版社，1991。

③ 葛世钦：《中州民歌与婚俗》，《殷都学刊》，1986（1）。

送嫁妆

嫁妆不管是男方置办还是女方独力置办，抑或是双方合力置办，最终都要由女家搬运到男方家里。嫁妆何时运送到男方家，各地在时间和仪式上均略有差异。有些地方是结婚前一天或两三天，还有些地方在结婚当天随新娘一起送到男方家去。一般由女方家送到男方家去，也有男方派人来拉的。总结起来，有“送嫁妆”、“抬嫁妆”、“抢嫁妆”、“偷嫁妆”等几种方式。

山东有些地方一般在下催妆后的第二天，女家便要送嫁妆。邹平称为“送艳房”，烟台称为“铺房”。如果是男方置办嫁妆，则少给或不给女方聘礼，通常先将嫁妆悄悄送往女家，下催妆后女家再大张旗鼓地送往男家。现在男家置办嫁妆的情况较为常见。女家送嫁妆时，女家装车，派两个同族男子跟车，一个称为“押车”，一个称为“挂帘子的”，还要请媒人坐在车上，俗称“押车头”。送嫁妆也有与迎娶合在一起的，即婚娶当日随新娘一起过门，浩浩荡荡，十分壮观①。甘肃乃至西北地区的汉族，运送嫁妆

---

① 山曼等：《山东民俗》，山东友谊出版社，第185页，1988。

时，新娘的弟弟充当押箱或叫押轿者。到新郎家后，新郎必须用钱和礼物“收买”，他才能下轿[1]。嫁妆送到后，鲁南有男方要设酒席招待送嫁妆之人的习俗，并开喜钱。喜

送嫁妆

钱10元、20元不等，用红纸包好，一人一包。

送嫁妆往往与送新娘结合在一起，只是在顺序上各地略有不同。赣西萍乡一般是先发嫁妆，随后才是“高亲”(通常是女方家有威望的亲属)，最后是女性亲戚、伴娘和新

① 高启安：《西北地区汉族婚俗漫谈》，《丝绸之路》，1994(1)。

人[①]。但是东兰壮族新娘上路时，嫁妆一定随后，不得抢先。哈萨克新娘则由母亲的嫂子及弟妹陪伴，带上女方专为姑娘准备好的嫁妆，一起前往男方家[②]。

发嫁妆

“抬嫁妆”多发生在北方[③]。河南民权、杞县一带，女方请人把嫁妆送到男方家，称“抬嫁妆”，又叫“过嫁妆”、“抬箱子”、“娶嫁妆”、“搬嫁妆”等。在山东泰安，女方的嫁妆是男家在婚礼前派人去抬，也称为“抬嫁妆”。抬嫁妆要看日子，一般在婚前一两天之内。抬嫁妆有两个忌讳，一个是所有的嫁妆不能用车

① 易志文：《萍乡乡村婚俗考察》，《萍乡高等专科学校学报》，2001（2）。
② 丽扎·阿布达里：《哈萨克族的婚俗文化》，《民族论坛》，2004（7）。
③ 李伯涛：《泰山民俗》，山东画报出版社，第128—129页，1996。

拉，只能用人去抬；另一个是抬嫁妆一定得在上午。据说上午太阳徐徐上升，以后的日子有发势头。不论去多少人抬，总是要双不要单，并要把人员配好架，有一个人扛一件，有两个人抬一件的，大件四个人抬一件。女家负责绑好嫁妆，并有人装起盒子。主要装灯台油盆等新人所用的东西；还要放上大葱、艾、盐、麸子，其意是聪明伶俐活泼、恩爱贤惠和有福。

蒙古族有些地方有“抢嫁妆”的习俗。姑娘出嫁前，父母要为她在自己居住的蒙古包旁，搭一个新的蒙古包。出嫁这一天，要把送给新娘的嫁妆，一件件陈设在新蒙古包内。陈设完毕时，女方由四个身强力壮的汉子抱着一个木制的一米多长的大枕头走向蒙古包，这时男方的四个小伙子便上前抢夺。双方八人你抢我夺，都不轻易松手，直到精疲力竭，双方才共同将大枕头放在床上，抢嫁妆仪式才算告一段落[①]。

河南焦作有“偷嫁妆”的习俗。偷嫁妆并非真偷，而是因男方取嫁妆多在夜间进行，来去静悄悄，所以称之为“偷嫁妆”。沁阳、博爱又称“拉家伙”。温县黄庄在取嫁妆

① 《骑马迎亲与抱木枕头——蒙古族婚俗》，中国民俗网。

时，男方要先用鱼、香蜡祭祀女方祖宗后才能取嫁妆，这是为了获得女方宗族的认可。在博爱，女方则随嫁妆送烧饼，据说可驱邪，免受腰腿疼痛[1]。

① 邢怒海：《焦作传统婚俗文化与民间歌谣》，《焦作师范高等专科学校学报》，2003（4）。

第四章

迎 娶

整个联姻过程中，最热闹、最重要的环节莫过于迎娶了。整个迎娶的过程，既包括男女双方尤其是男方为嫁娶新娘所做的各种准备，又包括男方迎亲的礼仪。除此之外，将新娘接到男方家中以后，一对新人要拜天地，来宾要祝贺，直至新娘揖拜家族并回门，整个迎娶仪式才告结束。我国各地的迎娶礼从内容上来说是丰富多彩的，而从风格上来说又各具特色。

备喜

一、备新房

结婚的吉日确定以后，男方会迅速进入角色，为迎娶新娘做好各方面的准备。结婚，对于当事人来讲，是一生中的大事；对于一个家庭来讲，是综合实力的具体体现，因而备受重视。贫寒之家，尤其是有男孩的家庭，往往在孩子尚在襁褓之中时就省吃俭用，辛苦上十几、二十几年，才能给孩子娶媳妇。20世纪50年代之前，各地普遍时兴早婚，又崇尚多子多福，因而不少家长的一生，简直就可以说是为孩子准备婚事的一生。而准备婚事，尤以盖房为重。不管是在陆地居住，还是在水上生活，都要为儿子娶媳妇提前准备新房。陆地上的人家结婚要盖新房，水上人家要做新船。生活在湖上的渔家，父母为了给儿子娶媳妇，往往要拿出多年积蓄，置办一条新船做新房。有些人家也提前养上一口大肥猪和十几只公鸡、母鸡，以备婚宴；或种上几棵树，以备打制必要家具。

新房是男方备喜的重点，这点在北方尤其不能缺少。有了房子，媒人才会上门。旧时父母对于子女具有无可动摇的权威，因而儿子结婚时父母并不一定为他盖新房，在偏房结婚者为数颇多。这种情况下，只要把房子粉饰一新即可。20世纪50年代至60年代，鲁南地区讲究在结婚前一个月左右，要置办"四席"。后墙和喜床一头顶墙的两面用红"圈席"圈起来；在床上方即天花板处，家人先用红、白两色秫秸扎成豆腐块形，叫覆棚，其上再加一张红席，叫"顶席"；床上的红席叫"铺席"；床下供新人跪拜用的红席，叫“踩席”。当时只有条件比较好的家庭才能置备四席，其中圈席最为贵重。

现在未婚女子要求越来越高，必在新房、正房结婚，在偏房结婚者极为罕见。有些女子，甚至在订婚之初，即对结婚及婚后住房提出要求，否则婚事很难成功。因而不但要有新房，还要新潮。总体看来，新房有越来越大越洋气之势。诸如大理石装饰、铺地面砖、红砖院墙、高大门楼、宽敞过道、贴画影壁等等，已屡见不鲜，有的甚至连院内地面也要硬化。

一般人家结婚，都用自家的房子做新房，而甘肃中部地区却有一个奇怪的风俗，他们不用自家的房子充当新房，认为那样不吉利，而是借别人家的房屋作为洞房。尚不清楚这种禁忌来由何在。而山东南部讲究“宁借人停丧，不借人成双”，绝对不把自家的房子借给人家娶新媳妇。

新房布置好后，就不能空着，每晚必有人就寝，称之为“压床”。压床者一般为未婚童男子，睡觉时将尿尿在床上最好，人们相信这样可令新娘早早怀孕。[①]这种压床的习俗比较普遍。一般都安排新郎或其兄弟、伙伴居住，其中

① 高启安：《西北地区汉族婚俗漫谈》，《丝绸之路》，1994（1）。

结婚前夜尤要如此。福建也有此种习俗，布置好新房以后，新郎必须在结婚前夜宿于新房，并要有弟、侄辈陪伴压床，俗称“暖房”[1]。

此外，为给客人留一个美好印象，办喜事的人家往往要洒扫庭除，整理院子，贴上喜对儿。婚庆时，众多民族几乎都流行贴红喜字和喜联，这是吉祥的标志。不仅在大门外贴喜对，中堂上贴喜字，而且婚床和使用的物品也贴有喜字，一时之间喜气弥漫整个新房。全家人做新衣服，新郎尤其要穿贵重、体面的衣服。还要整修锅灶，添置各种用具（财力达不到者向街坊邻居借用），以备结婚之日待客所用。新房里有一些特殊物品，也要早早备好。如山东潍坊的习俗是要在新房里放置一个装了小麦的瓷盆，在

贴喜对 秦荣艳 摄

① 林国平：《福建省志·民俗志》，方志出版社，1997。

麦粒上插上几颗大葱，旁边放一些栗子。俗信此举可让新娘早早“生根发芽”。

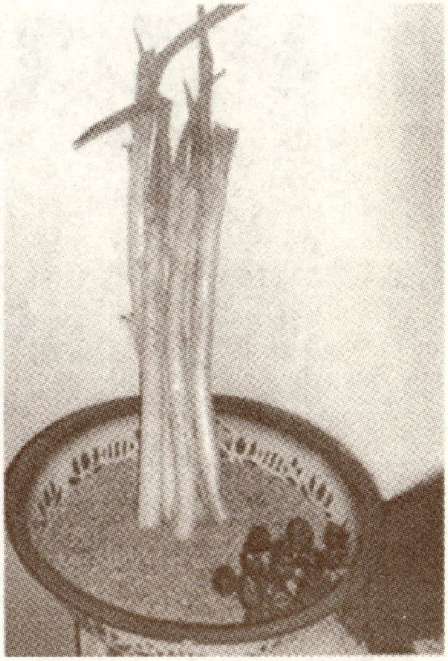

洞房里的“生根发芽”
张礼敏 摄

备喜的工作还包括为新娘去除一些危险因素，如对“白虎”的禁忌是特别需要加以注意的。这种习俗在南北方都比较普遍。许多地方禁忌新娘拜天地之前见到石头，因此新娘来到村口之前，要把她进入男方家门所可能经过的路途中的碾和磨加以处理。20 世纪 50 年代，穷人家用馍馍放在碾上，敬奉“白虎”；现在人们大多用红色被单或红色毛毯盖严。山西榆次迎娶队伍随身带着红布，路经井台或石碾、石磨时，要盖住，也是在防止白虎星等鬼祟邪怪干扰；山东则用撒“青龙帖”或贴“青龙帖”的办法来应对。

并非只有汉族地区有防范“白虎”的习俗，类似的禁忌纳西族也有。婚期来临时，按照传统的“不能见天”的习俗，要在天井里搭起凉棚，棚顶上盖红布或红绸子，棚

盖石碾防“白虎”刁统菊 摄

下铺松针；还要专门扎制迎亲牌坊和准备结婚用品。这些事情都要请族中能干的男性长者主持。婚礼举行时，屋内屋外张灯结彩，洞房门上悬挂一个用红纸糊的筛子，上写“麒麟在此”，并插上用柳枝或桃枝做的箭，以防“白虎”进门[1]。

二、铺床

“铺床”不是一般的铺床，这里铺的是“喜床”，专供一对新婚夫妇使用。不过，什么时间铺床，由谁来铺床，都不

① 陶立璠：《纳西族婚俗礼节》，《今日民族》，2004（2）。

是随意而为的。各地铺床时间不一，有在迎亲前就铺好的，也有在婚礼进行过程中铺的。而铺床人则多选那些“全福人”来担当此角色，有时要请负责迎亲的人来铺床。

山东、江苏等地大多是在迎亲之前就要将喜床铺好。山东潍坊在迎亲前铺床，要在铺着新被褥的床上来回踩上三遭，称为“踩炕”。俗谚说“新人踩炕，儿女兴旺”。鲁南在喜日前一天下午安床，要裁四张大红纸，包上四块砖头，分

“四条金砖垫床腿”（图中的红砖代表一条金砖） 刁统菊 摄

别垫在四个床腿下，这叫“四块金砖垫床腿”。浙江温州也有类似的习俗，只是人们在四个床脚各垫上一枚铜钱，并默默祈祷，祝新婚夫妇百年好合、子孙满堂。然后把嫁妆里的被褥铺好，被褥下面是一张草席。这草席是事先选择吉日，请夫妻双全的工匠编的，两头系以红头绳。同时还在喜门上钉上鸳鸯钮，并挂起彩帛①。

有些地方在新娘来到男方家以后再铺床。如湖南梅山地区，将新娘迎进家门后，趁行“迎亲呼吉礼”时，由婚礼的总管派人将嫁妆迅速搬进洞房摆好，并安排一名堪称“全福人”的妇女边铺边唱赞歌。如：“铺床铺床，儿孙满堂。先生贵子，后生姑娘。”②河南郑州则是在新人进入洞房以后，直至天黑点灯后铺床。新郎、新娘的床铺，第一夜要由别人代铺，多由儿女双全的嫂嫂或婶子、大娘铺。铺盖里往往要放上火棍、筷子、麦、枣、花生、核桃之类，并由此兴起，边唱边铺。如淅川的一首《铺床歌》唱道：“铺火棍，引举人；铺筷子，引太子；铺麦子，引乖乖；铺

① 叶大兵：《温州民俗大全》，新疆人民出版社，1998。

② 刘红梅、刘楚魁：《梅山婚俗歌谣中的求子习俗》，《怀化学院学报》，2005（1）。

海菜，引秀才……”①

边铺床边唱赞歌的习俗非常普遍，内容一般都是祝愿新娘早生贵子，使丈夫家族人丁兴旺。山东青州由新郎的哥嫂来铺床，讲究的是“大伯、嫂子铺床，儿女成行”。铺床时，还要往床上铺若干东西，嘴里也念念有词：

铺上豆秸，养活秀才儿，
左三把儿，右三把儿，
不出三年养活俩儿；
铺上枣枝儿，养活小子儿；
秫秸带栅儿的，养活带把儿的；
铺上葱，养活孩子坐朝廷；
铺上艾，恩恩爱爱；
铺上芝麻秸儿，养活孩子做大官儿。

铺完床后，把下嫁妆时女家拿来的鞋放在床上压床。同时，贴床公（翁）床母，床公在右，为上；床母在左，为下。此时也要念诵一段吉利话儿。

---

① 葛世钦：《中州民歌与婚俗》，《殷都学刊》，1986（1）。

铺喜床 秦荣艳 摄

广东潮州一带在布置新房时，要举行庄严的“安床”仪式。安床之时要请算命先生择日，床头朝向也有个讲究。在安床时，要做“四句”以图吉利。安床完毕，要将一条“安床大吉”的条联以及事先请到的神符贴在床上，然后叫一个男孩儿到床上躺一会，祈望新娘早生贵子。因此尤其忌讳的是，床刚安好，便有女子坐到床上去。还要祭拜祖先，告诉家中又有人成家立业，并做“四句”云：“点起喜烛照万庭，满堂光辉大光明；金龙飞舞真富贵，欢喜鸾凤共和

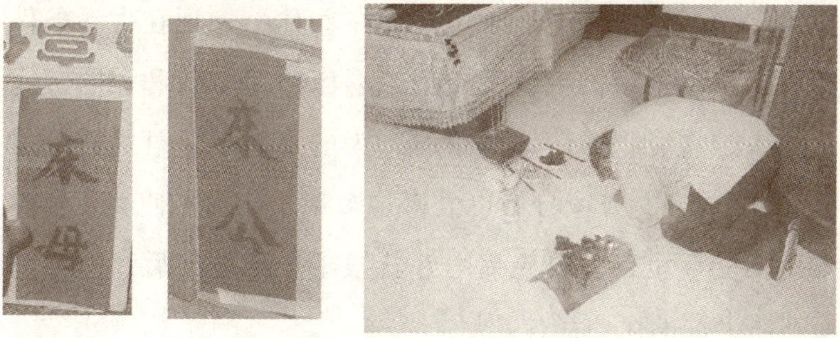

祭奠床公床母 秦荣艳 摄

鸣。”①

这种铺好喜床后让小男孩滚喜床的习俗在各地都有。喜床铺好后也会让小孩儿去压床，俗称“滚喜床”。小孩儿爬床时恰好撒尿弄湿新床，主人非但不会生气，反倒视为吉兆。滚床的习俗是希望新娘嫁过来以后早生贵子。同样的祝福在河北临城是铺床时通过在枕头内放置花生、红枣、葱、筷子、发面等来表达的，取其“早生、快生贵子，男女孩花着生，发家致富”之意。

不同时代，喜床的样式、档次不同。鲁南历来有耙桄床、榈拉子床、面子床、三拿、架子床、席梦思床等，总之是越来越漂亮，越来越舒服。过去铺床，为了把床铺得

① 《潮州人的人生礼俗》，南方网。

厚实一些，常常要在褥子下多铺一些秫秸。现在生活条件好了，一层一层的毛毯、褥子把喜床垫得软软和和的。北京门头沟讲究把喜床铺得很厚，为的是新娘子过门后“厚道、温顺”。女方家自然也懂得这个规矩，为了使女儿到婆家后不受欺负，就事先嘱咐好新娘子，到婆家后，睡觉前要把床上铺的东西揭掉几层[①]。

三、红总与送喜礼

结婚大事，不仅耗资巨大，而且礼仪繁多。民间将此称为“公事”，其意为众人之事、大家之事。据说是因为过去穷人家财力有限，遇到大事，倾全家之力也难以办好，亲友乡邻为帮事主渡过难关，有钱的出钱，有粮的出粮，有力的出力，同族同宗者更是既出钱粮又出力帮工。这种乡邻互助的习俗表现在男娶女嫁上就是送喜礼。如此礼尚往来，约定俗成。在农村，喜事丧事乃至盖房造屋生儿育女都算“公事”。整个婚礼过程中，除了新郎和新娘两位当事人以外，婚礼中还有一些任务需要某些特定的人物来完成，这里头讲究颇多。

---

① 袁树森：《柏峪村的特殊婚俗》，《北京档案》，2002（1）。

由于“公事”场面大，人员杂，花费多，因而需要请一位见多识广、懂得相关礼仪、深谙人情世故和待人接物之道且具有较高威信的长者担任总管，或称“大总管”。山东有些地方为了与办丧事的总管相区别，亦称“红总”；枣庄称“执事”、“大老执”、“执喜”；费县、邹城称“执客”、“大执客”。主家往往提前数日请好总管。总管按照主家意图安排诸项事宜。执喜一般有两个男性，一个是新郎的长辈例如大伯、叔叔，一个是新郎的叔伯哥哥；现在新郎的好友也可担此重任。前者熟悉男方家的至亲，则担任内执喜，后者就是外执喜。内执喜根据男方至亲的年龄和体力来分派具体工作，例如挑水、烧茶、端大盘、放鞭炮、送酒等；还要安排客人上席，带着新人敬酒，给抬嫁妆开销等等。外执喜的负责写对联，担任司仪，写喜榜，去女方家迎接新娘等等。总之，一切事情都要井然有序地进行，不能出现纰漏，否则会遭到众人埋怨，而且丧失名誉和日后执喜的资格。执喜人操心办事并没有什么报酬，主家事后一般赠送一点香烟、点心即可。

但也有特殊情况，执喜人可以由族内或外姓德高望重者担任。男性媒人也可担任执喜人，因为他往往和女方关系较好，假如新娘娘家人感到招待不周，也会碍于情面表示谅解。山东邹城一带，还时兴请“女执客”，必须由“全福人”充当，其职责是帮助迎新娘，招待女方宾客。

除执喜人之外，其他具体帮忙的人也同样得到礼遇。羌族在举行婚礼的前几天，男女双方各自请寨中的家门、房族、邻居喝“开笼酒”，即正式邀请各家帮忙。主家商定每个人负责的事项，并给自家神龛换新衣，彻底清扫房屋[①]。所有参与帮忙的人都要记录下来，如北京门头沟山区，把负责每项工作的人员名单用红纸写好，贴在墙上。这张红纸称为“执单”。有了这执单，人们要找什么东西，办什么事就清楚地知道应该找谁了。这种“执单”至今仍在使用。执单中所列名称有“总经理、总管、执事、天仙（司仪）、账客、账房、厨师、大灶、端盘、请客、借家具、川（涮）洗、杂使、陪新人（嫂子）”等项，有的一项一人，有的一项多人[②]。

迎亲是婚礼上的重要一项，负责迎亲的人当然也是重要的角色了。华北地区的婚俗中，一般有四个迎亲的，两男两女。男的大多是新郎的舅舅或者大爷、叔叔；女的是

① 马宁：《羌族婚俗初探》，《阿坝师范高等专科学校学报》，2004（3）。

② 袁树森：《柏峪村的特殊婚俗》，《北京档案》，2002（1）。

新郎的本家奶奶、大娘，或婶子、嫂子。村内比较有名望、善于陪客、能说会道的人也经常担任这个角色。人们一般都比较乐意充当迎亲的角色，有“一辈子迎七个新娘便可免灾”之说。迎送亲有些禁忌，如必须是“全福人”，怀孕的妇女不迎送亲，一年内不能连迎或连送两个新人等，至今仍严格遵守。

有些民族更加重视迎亲角色，通常还要组成团队。这种角色不是一般人所能胜任的。云南蓝靛瑶结婚大礼，男方要聘请九至十二人的礼宾，组成礼宾团，受男方父母之重托，到女方家娶亲。礼宾团有主人一人，为男方父母的代理人，中年男性，懂得本族婚姻习俗，具有较强的表达能力，能言善辩，善于喝酒，是求婚时的媒人，负责联络和协调婚礼过程中发生的意外事件。礼宾团中，鸳父为中年男性，熟悉本族婚姻习俗，能歌善酒，是婚礼中重大礼仪的履行人；鸳母为中年女性，能歌善辩，负责对歌答辩；茶郎，未婚男青年，分为甲、乙、丙三等，均为鸳父助手；鸳姑，未婚姑娘，也分为甲、乙、丙三等，均为鸳母的助手①。

---

① 赵廷光：《云南蓝靛瑶婚俗》，云南社会科学，1990（1）。

在举行婚礼之前的一段时间内，主家会通知亲友做好准备来喝喜酒。鲁南、苏北一带把此俗叫做“安客”。台湾一些地方，由新郎亲自到亲朋家去送喜帖；如果客人是妇女，则要请一女子拿着内装红枣和槟榔的小笼子去请。到男家送喜礼的，一般不论远近，都被主家在结婚当日请去参加正式宴席，俗称“喝喜酒”①。

获知喜讯的方式在苏南又有特别的习俗。当地婚俗有“行盘”一说，分小盘、大盘，类似通常所说的小订和大订。大盘的一个功能就是确定结婚日期，它一般与婚期相隔一年。比如，今年阴历正月初三大盘，那么明年正月初三就是婚期。大盘时，未来的新郎要给女家送去一块纱罩方糕。女家收了方糕，就以此分赠亲友。凡是拿到方糕的人，就等于是接受了明年参加婚礼的邀请，女方不再另行通知，到时即可来喝喜酒。同样，此时女家也要回送男家一块纱罩方糕。这样，方糕就代替了婚礼的请帖。这种传递信息的方式看来一定是很适合当地农村的特点，因而才能相沿为俗，流传至今②。

---

① 林亚顺：《台湾婚俗食苑撷趣》，《烹调知识》，1999（1）。

② 杨善华：《“江村”婚俗趣谈》，《社会》，1982（3）。

所有接到喜帖的客人，应在婚礼前给主家赠送结婚礼物，叫送喜礼。喜礼在许多地方通常以“色”为单位。一对鸡、一对鱼、一刀肉、一个肘子、两斤粉皮等，都可算做一“色”礼。也有送礼钱和喜帐（六尺红绸或红布、花布）的。喜帐一般是送给男方家长的，抬头写“某某大人令郎花烛之喜”，帐心写“天作之合”、“鸾凤和鸣”、“龙凤呈祥”之类颂词，落款写“某某贺”。结婚当天喜帐挂在堂屋内。喜帐的多少，往往标志着结婚人家人缘的好坏，因此至亲好友都送喜帐。20 世纪 60—70 年代，青年人也有给朋友送玻璃匾额、镜子等以毛主席像或韶山画为题材的纪念品。以后礼品变化不大，多为生活用品，只是现金数目飞涨。礼品的多少，一般因关系亲疏有所差别，关系亲密的礼品重，疏远的礼品则可以轻些。现在，随人情凑份子的风气有增无减，成为许多人的沉重经济负担。

男方将收到的喜帐挂在墙上展示 秦荣艳 摄

男方收到的所有礼物，一般来说都会记录在案，所记录的账目俗称“喜

奁礼簿 刁统菊 摄

簿”，以方便日后在同样场合回赠亲友。女儿出嫁时因为赠礼者多为至亲而且数目较少，容易记忆，因此很少有人会记录；不过个别地区也有人有心保留了女儿出嫁时的“奁礼簿”。

迎亲

娶亲之日，礼仪繁多，迎娶新娘过门是首要的一项。各地迎亲的礼仪也是复杂多样，既在迎娶时间上各有特色同时迎亲的方式也有所不同。

一、告庙

新娘在离别娘家时，有些地方有拜辞祖先的习俗，叫“辞堂”；而各地大多也有男子婚前一日“告祖”的习俗。这种告祖习俗，和古代男子二十岁即行加冠礼表示其已经成年、可以婚娶，非常相像。前文描述过山东一些地方的加冠礼，实际上也是在婚前一天举行的告庙仪式。

苏北、鲁南没有类似的告庙仪式，但是也会将喜事告知祖先，俗称“上喜坟”或“烧喜纸”、“烧红包袱”，俗

上喜坟 刁统菊 摄

谚“要得旺，敬祖上”。具体仪式是，喜日前一天下午，新郎由其伯父或兄长带领，到本族坟头上烧香磕头，把四方形红纸用石头压在坟头顶部。个别地方如山东滕州，新娘拜天地以后，要随丈夫去婆家祖坟磕头。此俗也叫“上喜坟”。湖北新郎行告祖礼，多到祖坟前举行，禀报儿孙婚期，从此可上承家庙，后继香火等等。河南焦作把这种仪式叫“朝宗”。

除了上喜坟以外，也有其他形式的告祖仪式。如山东潍坊的新郎娶亲前不去告庙，而是在铺床踩炕后给父母磕头；接着去“辞山”，也就是到大门外面拜谢天地，意思是小时候有山上庙里的神灵保佑，而今要结婚了，成人了，不用再保护了。

张家界的白族人在婚礼活动中，沿袭一种别开生面的“告祖”习俗。人们在结婚前一个晚上邀集七八个能说会道、专门侍候婚礼仪式的礼生和一班围鼓唢呐手，在堂屋里举行一场祭祖先的仪式。其目的在于告诉祖宗，某某娃已长大成人，现在成家立业，不敢目无宗祖，事先祭告祖先，希望得到列祖列宗的庇护，安居乐业①。

---

① 谷俊德：《白族婚礼中的“告祖仪式”》，《民族论坛》，2002（9）。

新郎祭祖以后就正式成为“新贵人”，被称为“新郎官”了。新郎官不做任何杂事，凡事均可支配别人去做，处处受到人们的礼遇优待，所谓“一辈子做这一回人”。按照江苏海州的习俗，中午要备一桌酒，叫新郎酒，席间新郎做上首，其余人无论辈分高低、年龄大小，都是陪客。这一天许多近亲都来贺喜，长辈送喜礼的意思是给新郎压兜兜，平辈人送喜礼的意思是给新郎压袼口（衣服上的装钱口袋）。海州地方有一辈子不娶亲还是个孩子之说，压兜兜的意思是新郎娶亲长大成人了，儿时穿的花兜兜要脱下，用钱压起来，将来给下一代穿[①]。

二、迎亲

就迎亲时间而言，各地也存在一些差异。大多数地方是在白天娶亲。例如福建、山西、河北等地，娶亲时间一般都是在上午。山东多数地方一般在中午迎娶新娘进门，这样就得一大早去迎亲。山东寿光当地有个说法叫“好事没有下午办的”。

把迎亲时间定在晚上的情形并不少见。山东曲阜、泰

---

① 刘兆元：《海州民俗志》，江苏文艺出版社，1991。

安、博山等地迎亲时间都在子夜。甘肃省崇信北塬的黄寨乡、高庄乡把娶亲的时间定在晚上。结婚前一天晚上，婆家人乘天黑来到女方家中，吃过晚饭后，接走新娘，摸黑赶路，必须在天亮前把新娘娶到婆家。人们称之为“娶黑媳妇”，至今此俗仍在沿用①。北京门头沟一带忌讳新娘在路上遇上穿孝的人，以及“毛毛女”（未出嫁的女孩），因此接新娘的花轿得早早出发，赶在天亮前把新娘接到婆家来。这种禁忌在湖南芋头古侗寨同样存在。河南南阳明初以前一直是白天娶亲，到了明朝初期才改为夜间娶亲。这一习俗经明、清、民国，一直沿袭到解放后才被废除。据说，明太祖朱元璋的第二十三个儿子唐定王朱柽不务政事，整日沉湎于酒色，遇到有姿色的女子就强占为己有；甚至专选别人娶亲的日子，新娘还没入洞房，却被他抢进王府。宛城的老百姓为逃避他的淫威，从此将白天娶亲改为夜娶。后来，居民相亲、订亲都改在夜间。夜娶的路上也不敢打灯笼、吹唢呐。新婚之夜闹洞房、摆酒席都得悄悄进行。至今南阳还保留有把灯吹灭闹房的习俗；南阳人高声划拳的同时，哑枚（划拳时不出声，只按手指大小顺序定输赢）

① 杨福堂：《崇信的婚姻习俗》，平凉文化信息网。

还相当流行。这都源于为躲避朱桎而形成的夜娶婚俗。随着时间的推移，这种夜娶的方式及其他礼节逐渐为人们认可，并成为习俗。虽然清、民国时期也有昼娶的，但宛城人民大多还是遵从夜娶这一习俗。20世纪50年代以后，南阳市人民政府提倡新事新办，同时夜娶也出现了弊端。解放初期，一些敌对分子趁夜间借娶亲队伍进行破坏，扰乱社会秩序，造成不安全隐患。为方便人民群众生活，政府才明令废除这一习俗[①]。

有趣的是，后藏岗巴各家迎亲时间均不相同，必须根据双方家庭成员的属相而定。例如称拂晓为虎时，如果双方家中有属虎的，就不能在拂晓时分迎亲；称黎明叫做兔时，如果家中有属兔的就不能在黎明时迎亲；如果家中有属龙的，就不能在日出时分迎亲，因为此时是龙时；日暖时为蛇时，家中若有属蛇的，便不能在此时迎亲；如果家中有属马的，就不可在正午迎亲，因此时系马时；称日初偏西时为羊时，故而家中有属羊的，就不能在此时迎亲；如果有属猴的，就不能在子午已过后迎亲，因为此时为猴

---

① 牛宏：《南阳的夜娶婚俗》，《民俗研究》，2000（2）。

时。否则，会招来灭顶之灾，人畜夭亡，不得安宁。迎亲时的天气好坏也极为重要。如果遇上刮大风或下雪天就很不吉利，被人们视为恶的征兆，意味着将有大灾大难临头，主人自然要为此烦恼伤心，耿耿于怀。如果遇上晴天或温暖的天气，就预示着家中祥和美满，万事大吉[①]。这样一来，各家迎亲的时间就大不相同了。

迎亲的工具过去多为花轿，路途远的用车船，但车船也要装饰得如同花轿。后来又有驴、马、汽车等。而迎亲的方式却是各式各样，非常有趣。从全国范围来看，以迎亲作为迎娶方式的居多。迎亲即古时六礼中的“亲迎”，是新郎亲自去女家迎接新娘的一种迎娶方式。个别地方如山东在迎娶方式上存在较大差异，可分为“迎亲”、“等亲”、“送亲”三种。等亲是新郎不亲自前往，而派其兄弟或叔侄到女家迎新娘的迎娶方式。送亲是男家不派人去女家，而由女家把新娘送往男家的一种婚嫁方式。等亲和送亲在有的地方称为“小娶”，因其礼仪比较简便，花费相对较少，一般家庭也能够担负起来。山东聊城、济宁、泰安、临沂、滨州等地区以及河南某些地方，迎娶礼有以“等亲”的方

① 班丹：《岗巴婚俗拾零》，《藏区风情》，1995（2）。

式迎娶新娘的。山东济南则采取等亲和送亲结合的方式，用小汽车接新娘子时必须有一个本家的小男孩“压轿”，新娘的兄、嫂、姐、妹、娘舅把她送过来。

南方大多采取迎亲的方式。广西中部一带，媳妇过门这一天，男方派接亲娘一人、“大明”一人、男童一人、吹鼓手两人、轿夫四人。这“大明”角色通常由道公担当，负责念咒，使媳妇过门后吉祥、幸福和听话。男童带个布袋，将女“命”放在袋里背回，叫做“背命”。由于男童负责背命，所以女方的弟妹和村中儿童手持木棍、鞭子追赶，或用泥土、小石子掷打，不让将姐姐的“命”背走。这种追赶、掷打只是一种象征性行为。接亲队伍好似一条长龙，浩浩荡荡地行进，招引很多人围观。现在已不用轿子了，或步行，或骑自行车、坐拖拉机、乘汽车，各种规矩也大大简化了①。

湘楚大地也采取“迎亲”的方式迎接新娘。男方家选定去女方家接亲的亲属和媒人，一律要吃鸡蛋起程，寓意兴旺发达，常来常往②。北京门头沟男方到女方家去接亲

① 黄革：《桂中婚俗十五曲》，《中南民族学院学报》（哲学社会科学版），1988（6）。

② 杨炯：《离不开鸡蛋的婚俗》，《乡镇论坛》，2005（18）。

时，不吃鸡蛋，却要带上一斤白面，并由女方家做成一张大烙饼，交给男方带回去。这张烙饼很特别，起码要放上半斤盐，这样做出的烙饼里层和外面都泛着白花花的盐花。男方将大烙饼带回家后，家中所有的亲属都要吃上一口，并说“盐分大”。其谐音就是“缘分大”，新人能白头偕老。新娘子下花轿后，第一件事就是喝盐水。男方家里人端来一碗盐水，让新娘子喝，新娘子只尝一点儿，表示一下意思而已。这也是求一个“盐分”的谐音（缘分）。这个特点是对男女双方百年好合的一种祝福①。

一般来说，男方派出的迎亲队伍到了女方家不久就可以接回新娘，但台湾布农族迎亲时，或许得重新定个日子再来娶亲。女方亲族的壮汉们要和前来迎亲的队伍举行一次“角力比赛”，如果女方胜了，男方的人只好打道回府，改期再来娶亲，直到他们获胜后才能把新娘接到夫家②。因此，男方迎亲必须派出大力士才行。苗族迎亲的新郎及其弟弟和妹妹则与新娘的姐妹们对歌守夜，相对而言轻松

---

① 袁树森：《柏峪村的特殊婚俗》，《北京档案》，2002（1）。

② 张崇根：《台湾少数民族的婚姻习俗》，《中央民族大学学报》，1994（2）。

走在黄土窑洞前的迎亲队伍 樊宇 摄

许多。

以“迎亲”作为迎娶方式的地区，有新郎亲去的情形，也有新郎在家等待的习俗。但凡新郎亲去迎亲，一般都打扮得英俊、威武。河南焦作婚期当天，新郎身披红绿缎子十字，头戴官帽，上插柏枝，象征喜庆和飞黄腾达[①]。这就显得新郎非常威风。山西榆次的迎亲队伍称得上壮观，前边有吹鼓手开道，后边新郎、伴郎骑马相随，一行队伍浩浩荡荡，踏得山沟里黄土飞扬，惹得途中处处有人观看。

① 邢怒海：《焦作传统婚俗文化与民间歌谣》，《焦作师范高等专科学校学报》，2003（4）。

披红的新郎 樊宇 摄

新郎穿一身中规中矩的藏蓝色西服，系着红彩带，背后挂着铜镜，戴茶色墨镜，意在防止路上的妖邪作祟侵害新人。[①]新郎的这身行头，是岳父赠给的。新郎来迎亲，向岳父叩头辞行之际，岳父要为他披绿绸，取意“披红挂绿”。

苏南的新郎不参加迎亲，由他的小伙伴作为代表，不过新郎往往在家望穿秋水，盼新娘盼得焦心。女方送亲的是新娘的小姐妹。当迎亲的队伍接了新娘，敲锣打鼓刚走几步就停了下来。先是新郎的小伙伴吵着要糖吃，要抽烟。这时早有人去新郎家中报告，新郎家长就与小伙伴们商谈数目，谈

---

① 樊宇：《尘封的古村落——山西省榆次区后沟村影像调查》，山东电子音像出版社，第124—125页，2005。

妥之后如数分发，迎亲队伍才肯继续向前走。走不多远，又停了下来。这次是新娘的小姐妹不愿往前走了，她们要讨喜糖，直到新郎家里满足了她们的要求，队伍才又前行。不过按照习俗，新娘中途滞留的次数越多，时间越长，说明她人缘越好。因此焦急的新郎虽然在家里翘首盼望新娘的到来，却也对此无可奈何[①]。

在迎娶新娘时，有些地方有抢婚习俗。流行在喜马拉雅山区的夏尔巴人中的抢婚既有“假抢”也有“真抢”。婚事是双方的一个秘密，如果抢亲前既已世人皆知，那就失去了“抢” 的意义，并意味着新娘不值钱。不管新娘本意如何，只要她听说要抢亲，都要跑到父母跟前哭闹一番。“假抢”，是指男女双方均表示同意的情况下抢亲，仅仅是在走形式，以此表明女家门风好，养育了一个好姑娘，男家抢娶的是一位理想的好媳妇。若女方父母不同意或前面已同意后又反悔了，那么，男家就派人对姑娘严加监视，寻机将她劫走。这就是“真抢”。然后，男家赶快知会女家，这期间，男方父母多次去给女方父母敬酒献礼，求情诉说男方及其家庭的诚心以及对姑娘的喜爱和赞颂，直至

① 杨善华：《“江村”婚俗趣谈》，《社会》，1982（3）。

女家父母同意为止[1]。

畲族过去同姓如结婚，外村人可以来抢婚。这种抢婚现象在 1949 年前曾发生过，完全是真抢。烟台长岛县北长山岛过去的婚礼中也能见到“抢婚”遗风。目前阿昌族仍旧保留了抢亲这一形式，完全是为了烘托婚礼的热闹气氛，因为婚事都是父母事先知道和同意了的[2]。贵州山区侗族俗称“抢新娘”的风俗，也是结婚时一定要举行的一种仪式。在凉山白彝人中，抢婚制仍然流行，和贵州山区侗族的抢婚不同的是，新娘对此十分配合，连假装的反抗也没有。

其实，迎亲过程中，男方去抢亲可能会遭到或真或假的抵抗。但即使没有抢亲，女方一般也不会让男方顺顺利利地把新娘接走，总是会让他们遭受到一些“磨难”。不管是男方派去的迎亲代表，抑或是媒人，女方都会对他们还以“颜色”，即使新郎本人也不能“幸免”。

北方有向迎亲者索要“开门钱”的习俗。迎娶的队伍到来后，新娘的家门是紧闭着的，这时候迎亲者大声叫

① 刘志群：《夏尔巴人生活习俗及其婚俗》，《西藏民俗》，2003（4）。
② 《偷鸡头与抬锅盖——阿昌族婚俗》，中国民俗网。

门，而新娘的姊妹们却要索取“开门钱”。一方面，这可以显示女方家族的尊严，另一方面也可趁机捉弄迎亲者。若新郎亲去迎亲，那捉弄得更加厉害。这在山西地区称为“蹲性”，而山东龙口叫“憋性”，意思是蹲一蹲新郎的性子。最后往往是主持迎亲的人怕误了时辰，只有说尽好话，多付“开门钱”了事。进了屋门，新郎也不可能顺利接走新娘，新娘的姊妹们早已把她的鞋子藏了起来，非要新郎找着给新娘穿上不可。面对这种“刁难”，新娘也是爱莫能助。河南安阳一带，则在饭后让新郎到门外轿中静候新娘上轿，俗称“蹲女婿”，目的在于考验新郎的耐性，同时也可以让众乡邻认识新郎①。

大多数地方，女方对男方家主持迎亲的人还是非常尊敬的，但贵州紫云一带的布依族流行“打接亲人”。当男方请的接亲人进寨子时，女方寨子里的青年人，将事先准备好的黏枣子放在手中，向他们打去。其意思是：你们来接我们寨子中的姑娘，就要给你们添点麻烦②。四川永善彝族

① 河南省地方史志办公室编纂：《河南省志·民俗志》，河南人民出版社，第 297 页，1995。

② 《浪哨对歌和丢花包——布依族婚俗》，中国民俗网。

迎亲队伍到女方大门口时，先要被新娘的女友泼上一身冷水，同时还要被用锅灰“抹花脸”[①]。苗族有些地区针对男方来迎亲，专门“设卡灌酒”，当男方接亲队伍抵达女方村寨时，每人都得喝两碗才许进门[②]。

照理说，新郎和接亲人把新娘接走了，受点折磨还算说得过去，但是把两家联系起来的媒人可是有功无过啊，毕竟“无媒不成婚姻”。奇怪的是，有些地方是专门“折磨”媒人。湘西南隆回县小沙江高寒山区花瑶的“打泥巴”仪式就是“有心有意”地要教训媒人，因此媒人很难保得“一身清白”。新娘的伙伴们认为最坏的人就是“媒人公”，是他抢走了朝夕相处的好姐妹们，因此非教训他一顿不可。她们先让挑回几担稀泥巴搁在堂屋门外。待喜酒饮过四轮（四大碗），鞭炮一响，坐在首席靠近神龛正位上的“媒人公”突然起身，一把抓过神龛上那把雨伞想冲出门外。早就守候在门边的妹子们蜂拥而上，将稀泥巴朝“媒人公”的身上、脸上、背上拼命地甩，狠狠地抹。“媒人公”满

---

① 《永善彝族的婚俗》，新华网四川频道。

② 祖岱年：《布依族、苗族婚仪》，《黔南民族师专学报》（哲社版），1994（2）。

身狼狈，却又兴高采烈。身上的泥巴涂得越多，新人便愈加幸福、美满，寨子亦会更加兴旺。因此这一身满是“财喜”泥巴的衣服，穿回后，要放在家里挂上三天三夜，才可以洗去的[①]。

华北地区许多地方要宴请来迎亲的客人，但是男方得到了如此礼遇，却“不知好歹”，还要想方设法“偷”女方一样东西。根据河南习俗，男家迎客要在席间伺机“偷”女家一样东西带走，如酒杯、壶盖、筷子之类，叫“偷富”；送女客到了男家，席间也要偷富，第三天等回门时双方再交换所“偷”之物[②]。山东寿光也有类似的习俗，新郎来迎亲的时候，吃饭时偷偷拿回一双红筷子。因为订婚的时候，女方给男方九双筷子，男方再拿回一双，既是十全十美，又是“筷子、筷子，快生子”的意思。山西新郎会受到丈人家的热情招待，除一应酒菜外，还有主食薄饼。当新女婿的一定要“偷”十几张薄饼、几双筷子和一些酒器，当地人称为“得富贵”[③]。

---

① 老后：《撩人心扉的花瑶婚俗》，《民族论坛》，2001（6）。

② 河南省地方史志办公室编纂：《河南省志·民俗志》，河南人民出版社，1995。

③ 温幸、薛麦喜：《山西民俗》，山西人民出版社，第16页，1991。

三、上轿

花轿由男方家发出以后，女方家随时打探对方行动的消息。男方娶亲轿一到，女方家就忙着准备打发闺女上轿。流行于中原地区的《小三姐做梦》中唱得最为传神：

只听得咕咚咚咚三声炮，婆婆家中来娶我。
大门以外落了轿，家中忙坏了我两个哥哥。
俺大哥赶快去戴帽子，俺二哥赶忙把鞋子摸。
他二人把衣服穿齐备，到大门以外迎贵客。
俺嫂嫂，去迎接娶客婆①。

这说的只是男方来迎亲时女方家的忙碌情形。实际上我们在上面已经看到了，订婚以后女方为嫁女要忙活的事情实在太多了。

南方有些地方在新娘蒙上盖头以后还要罩上米筛。在赣南客家聚居区，据说米筛平放头顶，人们只能透过小孔竖着看新娘，象征着闺女出嫁时经千眼看过，是一个洁白无瑕的姑娘。台湾至今还有这种习俗。并且新娘打扮完毕后，要和长辈一一告别，由未婚弟弟送至门口，再由女方

① 葛世钦：《中州民歌与婚俗》，《殷都学刊》，1986（1）。

委派的“伴嫁娘”和男方委派来的“好命人”（全福人）搀扶上轿。新娘上轿前，要在轿里放一些红圆（糯米粉做的小团子）表示团圆。新娘上轿时，手里要抓一把冬瓜糖，上轿后要一个个扔下，表示丢弃了以前的坏习惯①。

新娘梳妆打扮后，就该上轿起程去往丈夫家了。新娘上轿时有一定的禁忌，防止新娘将娘家的“财气”带走。这种

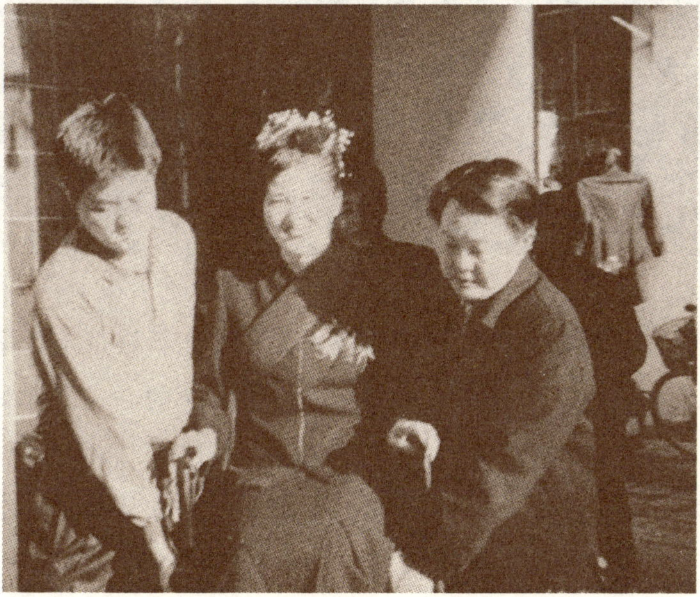

兄弟把新娘抬上车，以免沾了“娘家土”，带走娘家财 杨冰 摄

---

① 林亚顺：《台湾婚俗食苑撷趣》，《烹调知识》，1999（1）。

新郎抱新娘上花轿 秦荣艳 摄

习俗在各地都可以见到。福建人为了不让新娘带走自家的风水和财气，出现了几种有趣的新娘上轿的方式。如父母或兄弟抱着或背着上轿；或新娘走到门口，把旧鞋脱掉，上轿后换上新鞋。广东雷州的新娘要找妹妹替她拿一双新鞋，到村外遇见迎亲队伍以后，才把旧鞋脱了，换上新鞋，然后上轿或上车，这样新娘就可以保证鞋底一尘不染[①]。浙

① 叶春声：《岭南风俗录》，广东旅游出版社，1988。

江金华的新娘要经过“抱婚”的礼仪，由专门请来的有福气的长者来做“利市公公”，将新娘抱到堂前的凳子上，跪拜祖宗、天地神，再抱上花轿。新娘的脚一直不能沾地，表示她没有将娘家的福气带走[①]。至今山东、山西、河南等地仍特别在意“闺女出嫁不能带走娘家土”，因为土是财富的象征。所以新娘上轿一般是被抬出来的。根据郑州习俗，过去姑娘上轿，或把一顶小轿抬到屋里，姑娘坐进以后抬出，连小轿一起放进大花轿中；或由女方兄弟用椅子把姑娘抬出放入大花轿中；或由女方兄弟背入大花轿中。总之，上轿是不能踩地的。这些措施都可以防止新娘将娘家的好运带到婆家去。

新娘上轿时不能带走“娘家土”，但是有些物品因其具有趋吉除凶的象征意义，要求新娘必须随身携带。山东德州的新娘左手拿梭子，右手拿酒壶，怀里揣着黄铜镜。梭子、酒壶表示过门后勤于纺织、体贴丈夫；黄铜镜称“照妖镜”，可以驱邪。泰安的新娘，手里要拿手帕、小镜子等物品，怀中要揣一些铜钱。手帕等准备路遇娶亲的花轿时，

① 陈文鑫：《金华地区风俗志（中）·常山县风俗志》，1989（5）。

做与对方交换的礼物；铜钱则是过河、庙等时扔出去敬神用的。胶东一些地方的新娘，手中拿小手帕，里面包有各种花样的面制品，还拿着镜子、葱等。葱，谐音聪，到婆家后要扔到房顶上；面制品是过桥时扔到河里敬神的；手帕则是与路遇的新娘互换的，有的还互换戒指等物[①]。福建不少地方，新娘出门时要随身携带几样吉祥、驱邪的物品，如一把纸折扇，为的是驱邪趋吉。

俗话说“嫁出去的闺女泼出去的水”，女儿上了花轿，许多地方有新娘母亲随即向花轿泼水的习俗，意即嫁出去的女儿泼出去的水。在赣南客家人那里，泼水表示的是新娘母亲从此再也不希望女儿被遣回娘家，表达的实际上是祝福新娘不会因婚姻不幸而返回的含义。新娘上轿后有不许回头看家的禁忌，据说新娘回头看家，预示着日后的婚姻将会发生变故，比如离婚以致返回娘家。除了禁止回头以外，新娘出嫁时还忌翻白眼，均是为了防止新娘将来婚姻不幸。

同样是新娘母亲向花轿泼水，在其他地方却具有其他含义。福建清流、连城等地，关门前还要泼出一盆水，据

---

① 山曼等：《山东民俗》，山东友谊出版社，第190—191页，1988。

说可以防止新娘将娘家的好运带到婆家去。山东青州的做法颇具深意，反映了传统的财产继承制度。母亲向接走女儿的花轿泼水，表示女儿出嫁之后无权再来继承娘家的财产。如果谁家的女儿结婚时母亲不这样做，就会引起儿子与儿媳的不满，除非家中没有儿子。在华南地区，如广东潮阳，至今新娘不管乘坐何种交通工具去丈夫家，其父母都端着一盆清水用手向上泼洒，边泼边念“钵水泼上轿，新娘变新样”，这实际上寄托着家人对新娘的祝福[①]。现在多用汽车迎娶，人们仍按习惯泼水，祝贺新人大吉大利。

江南的水上婚嫁

旧时各地大多用花轿迎亲。一般来说，男方家里须在喜日前一两个月与轿主约定到某天租用花轿。后来，结婚

---

① 徐桂兰：《汉族红白喜事风俗》，广西教育出版社，第88页，1990。

坐轿的习俗渐渐演变成坐独轮车、排车、拖拉机，甚至有新娘骑马、骑驴出嫁。现在一般都是租用汽车。另外，渔家娶亲用的是船。

现在城市里用花轿娶亲反而是一种时髦，农村用花轿娶亲的越来越少，不过个别村庄还保留着这种传统的习俗。在澎湖列岛一些偏僻的村庄，至今仍用花轿娶亲。花轿一般是两顶，新娘轿在前，媒人轿在后。前面有两人敲锣开路；接着是四个提灯花童，在四个灯笼上写着新郎新娘的姓名；紧接着后面有锣鼓、唢呐，一路上吹吹打打，好不热闹①。山东青州一些山村目前也照老规矩用花轿迎亲。

但有些地方的新娘从来不坐花轿。永善彝族的新娘是被背到婆家去的。新娘弟弟把姐姐先背出门交给迎亲队，新郎的弟弟背着新娘返回男家，婚礼主场也是由此转到男家。新娘在去男方家的途中双脚不能着地，中途换人背时，要站在事先铺好的草席上。送亲人员中专门负责拿草席的是新娘的小表弟②。新娘一定要背过去的好，凉山地区人称“不抢不背身不贵，背去的媳妇赛千金”。江苏海州海岛上

---

① 石柱国：《台湾婚俗奇观》，《现代交际》，1996 (7)。

② 《永善彝族的婚俗》，新华网四川频道。

迎亲 秦荣艳 摄

娶新娘要驮回来，一路上新娘脚不可沾地。湘南江华、新田一带的瑶家，新娘由舅舅背出家门，直到看不见自家的村庄时才可下地行走。从古至今，新娘都是步行到婆家去，没有坐轿或骑马的[①]。

迎亲途中，忌遇到孕妇、死人、棺材等，否则会有“喜冲喜”或“凶冲喜”，须有应对措施。各地对此都有不同的观念和习俗。福州地区是新娘要捏碎一个桂圆干，以

① 赵受正：《瑶家婚俗三部曲》，《老年人》，2000（7）。

破煞驱邪。甘肃乃至西北地区娶亲路上，要是碰上送葬的，则认为晦气，必须设法避开，以免丧气冲了新娘。

遇到凶事，可以破煞驱邪，若碰上同样娶亲的，则双方要交换礼物。西北地区交换的是鞭子、轿杆或新娘饰物，如纽扣、佩戴的花朵等[①]。鲁南习俗认为，“喜见喜，必有一秕”，为了保证两个新娘都平安无事，要想办法破解。通行的方法是两个新娘互换手中的铜钱或硬币、手绢。假如一个村同时婚娶，三天内两新娘相遇，先找一个面箩，透过箩底相见。广东揭西县两花轿相遇，新娘也要交换手帕，只是手帕里包幼思茅和篾草。这两种草民间传说是避邪之物，但交换手帕的含义是互致吉祥、幸福的美好祝愿[②]。

除了采取交换物品的形式来破解“喜冲喜”以外，个别地方采取两个花轿比赛的办法来解决这一问题。山东、江苏某些地方的婚俗就是如此。两个花轿在途中若相遇，双方都要设法先行通过前方的岔路口或桥梁，这叫“抢上风”。抢到了上风，就等于把对方新娘子的喜气好运都抢过来了，而且还能比对方早生孩子。因此下风的新娘每遇

① 高启安：《西北地区汉族婚俗漫谈》，《丝绸之路》，1994（1）。

② 刘志文：《广东民俗大观》，广东旅游出版社，第 304 页，1993。

“抢上风”，轿夫都要先同送亲或迎亲的人谈“盘子”，讨论喜钱的数目。喜事中抢上风的习俗还有这样一些情况，如同庄的两个姑娘在同一天出嫁，要抢着先发轿；同庄的两个男子在同一天娶亲，要抢着使花轿先进庄，新娘子早进门[①]。抢到了上风，就等于把对方新娘的好运都抢过来了，能比对方早生孩子，小日子过得也会红红火火。

拜 堂

在接新娘的队伍来到男方村口之前，男方一应准备工作已经就绪，单等新娘进村了。新娘在进入男方家大门之前，要经过“勒性”，据说可以让她的性格变得温顺，日后不敢冒犯尊长。进入大门之后，新娘要“跨火盆”，据说可以祛除她身上的邪气。接下来是婚礼中的高潮——“拜天地”。之后还有“坐福”、“撒帐”，也是各地都有的习俗。

一、勒性

新娘在进门之前，婆家先要对她来一番“改造”，那就是“勒性子”，或称“磨性子”。这几乎是各地都有的习俗，

① 刘兆元：《海州民俗志》，江苏文艺出版社，第49页，1991。

福建称做“存嫁”。这一习俗含义大致相同，但形式多样。安徽新娘来到男方家门口，笙吹鼓乐三起三落，男家大门紧闭不开，俗称“捺性”[①]。赣南客家的新娘出轿后要站在事先放好的磨篮里，也是要“磨磨新娘的急性子”，日后更好孝奉公婆、和睦妯娌[②]。在山东大部分地区，迎亲的则故

勒性 刁统菊 摄

① 安徽省来安县地方志编纂委员会：《来安县志》，中国城市经济社会出版社，1999。

② 蓝希琳、罗琼：《赣南客家婚俗及其社会文化功能分析》，《湖北民族学院学报》（哲学社会科学版），2005（1）。

意让轿子在新郎家门口多停留一会，这就叫“勒性”，意思是怕媳妇脾气大，不能马上进院，要勒一下性子。有些地方还要让新娘子在门口喊“爹娘开门”，声音小了不给开，羞涩的新娘最后只好大声呼喊。苏南的新娘如果人家请一两次就下轿，将来会被人笑话说“这个新娘子性急，急着要赶紧看小女婿”。为避嫌，新娘一定要屡请不动，这才叫有“坐劲”（耐性）呢。

勒性子算是对新娘耐性的考验，可是有些地方还要给新娘一个下马威，警告她来到男方家，就是丈夫家的人了，要听丈夫的话。闽南一带，新郎要上前冲轿门猛踢一脚，叫“踢轿”，意在制服新娘，给她一个下马威，好让她以后“嫁鸡随鸡，嫁狗随狗”[①]。在澳门，花轿来到男方家门口，只有当新郎踢了轿门以后，花轿才能打开。接着新郎用折扇在新娘头上调皮地敲一下，表示新娘入门后要“听话”[②]。而澳门渔家娶亲时，新娘不能穿鞋，只能多穿袜子，以免把男家“踩低”。

门槛常常是一对新人“明争暗斗”的场所。土族新娘

---

① 林国平：《福建省志·民俗志》，方志出版社，1997。

② 李军：《多姿多彩的澳门婚俗》，《中国地名》，1999（1）。

下马后，和新郎一同入门，两人此时要抢着先跨门槛，因为谁先跨进门槛，日后谁就能当家。广西中部一带，新娘到男家门前，由两名“好命”的中年妇女（当地俗称“好命人”，即全福人）打着布伞遮护新娘缓步走进堂屋。新娘走进门口时，新郎站在高凳上，一只脚跨在门上，让新娘从下面穿过；也有的新郎守在门边，当新娘进门口时就捶她一拳①。据说这可以让新娘以后事事皆听从新郎。现在此俗已不多见。

二、跨火盆

新娘来到男方家门口，直到拜堂，中间有诸多禁忌。有时也会举行一个辟邪仪式，辟邪仪式里包含着祝福之意。这种仪式在各地表现各有不同。

与女家避免嫁女带走财运做法异曲同工，男家也害怕新娘带冲、带煞，因此在新娘下轿进门时也采取各种做法，并为此费尽心机。比如闽南一带，男方于门前放一火炉或火盆，新娘从上面跨过进门，以消除邪气，并取意兴旺发

---

① 黄革：《桂中婚俗十五曲》，《中南民族学院学报》（哲学社会科学版），1988（6）。

达。闽南俗谚称“过火气，百般都不畏”[①]。广东干脆点燃一个熊熊燃烧的火堆让新娘跨过去。

中原大地不用火盆、火堆，采用的是“燎轿”的方法。在花轿来到男方门口后，由新郎兄长手持谷草火把燎轿门后，再由一人一手用火钳夹一烧红的犁铧，口称“犁铧本是金，称它为老君，烧红谁也不敢侵”，一手端醋或水，将其浇于犁铧上，哧哧啦啦地冒烟绕轿三圈以避邪。俗称“打醋坛”[②]。山东嘉祥的燎轿仪式较为简单，在新娘下轿之前，先由两个妇女打着火把围着轿子转三圈，意思是“驱邪镇妖”。

以火来驱邪是比较常见的习俗，但也不乏其他形式。晋南则在新娘下轿时用镜子向新娘身上照一下，即可消除不吉。云南罗平县的布依族当新娘到了夫家门口时，还要举行“推车马”仪式以驱除邪气[③]。羌族则是由新郎在楼上或大门里用生米打新娘，新娘由两名姑娘扶着踩烂一个倒

---

① 林国平：《福建省志·民俗志》，方志出版社，1997。

② 河南省地方史志办公室编纂：《河南省志·民俗志》，河南人民出版社，1995。

③ 庞玲、曹银孝：《布依族婚俗》，《今日民族》，2002（12）。

扣在门槛上的碗后进门，以示退煞[①]。

有些地方利用谐音来取好兆头。山东济南结婚时大门上要放鞍子、拴瓶子，取其谐音“平安无事”。同时新娘下轿脚不能沾地，把用红布包着的秫米做成的糕放在地上，让新娘一步步踩着进门。名曰“踩糕”，取意“步步登高”。黑龙江庆安县新娘下轿时，注意脚不能直接踏地，首先踩高粱袋子，然后踏红毡；男方送来一个用红布包着的斧子，让新娘抱着，“抱斧（福）”下轿[②]。这些形式同样可以起到驱邪、祝福的作用。在我国少数民族中，为了敬避鬼神，广为流行的是“转席”习俗。如大理喜洲，花轿到达男方大门，由新郎牵着新娘步入洞房。步行须用新席子两张，一张替一

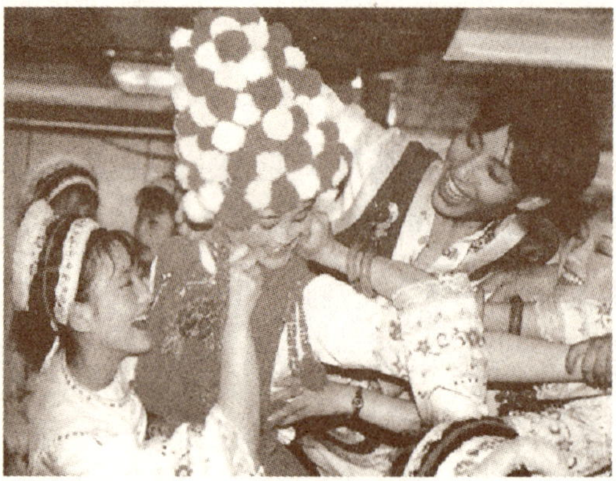

白族的“掐新娘”

① 马宁：《羌族婚俗初探》，《阿坝师范高等专科学校学报》，2004 (3)。

② 庆安县地方志编纂委员会办公室：《庆安县志》，黑龙江人民出版社，1995。

张地铺在地上，让新娘一直走到洞房，脚不沾地以免遭恶鬼的侵扰。新房门前要挂上一面镜子，俗称“宝镜”，也是白族婚俗中借物驱邪的一种方式[①]。

人们认为尚未拜堂的新娘具有某些危险因子，因此才会有“跨火盆”、“燎轿”等习俗。但白族新娘来到新郎家大门口遭受到“痛苦”，却是因为她浑身带着喜气和福气。新娘一到新郎家大门，妇女们便蜂拥而上，从四面伸出手来在新娘身上掐。相传谁掐了新娘一把，谁就有了福气。有的还认为，有病的人掐了一把，沾了喜气，其病就会痊愈。有的妇女为了逗趣，甚至用力地掐，而新娘又不能叫喊出声。送亲队伍则对新娘里三层外三层地严加保护，使别人掐不到新娘，不让别人分走福气和喜气，使娘家婆家福气更旺[②]。

三、拜天地

拜天地是缔结婚姻过程中最为重要的一个项目，它是婚礼完成的标志。汉族地区更加重视这一礼仪，俗有“不拜天地不叫成夫妻”。拜天地又叫“拜堂”，各地历来广泛

① 高静铮：《云南白族婚俗初探》，《民族艺术研究》，1999（6）。

② 成均：《桑植白族婚俗探秘》，《民族论坛》，2002（9）。

流行，但参拜的方式、程序和内容，则因民族、因地方而有不同之处。大多数地方的拜天地，一般是在男家中庭正厅设香案，新娘下轿入厅，与新郎并立，听司仪发号施令而拜：一拜天地，二拜高堂（新郎的父母端坐于高椅上受拜），三是夫妻对拜。

一般而言，新郎把新娘接到家就要拜天地。但是云南省的布依族是在新娘接回的第二天“拜堂”，赣南客家也是

布置好的香案 刁统菊 摄

在娶亲的第二天，新人才行“拜堂礼”。拜天地并非各地都有，贵州贞丰一带的仡佬族新郎把新娘从女方家里接到自己家以后，并不拜堂，直接牵入洞房，这对良缘就算完全配就。[①]

中原地区，新人拜天地时，一般是在院中放一方桌，桌上放一只斗或升，其中装满粮食，用红纸封糊，上插秤、剪、梭，四角放四个鸡蛋。此桌叫“天地桌”。为成就终身大事，新娘、新郎要朝此天地桌焚香叩头礼拜。如淅川有一首《拜天地歌》唱道：“你也好，他也好，拜天拜地和气过到老，明年添个白胖小。”[②]山东大部分地区拜天地时新郎

拜高堂 刁统菊 摄

① 琼琴：《仡佬族婚俗》，《文史天地》，1994（1）。

② 葛世钦：《中州民歌与婚俗》，《殷都学刊》，1986（1）。

新娘都要面对正屋东侧的香台来拜。一般的程序是“一拜天地”、“二拜高堂”、“夫妻对拜”。云南白族新郎新娘也要拜天地，和山东的拜天地程序类似，只是拜高堂时还要拜各家亲戚长辈。

有些民族和汉族拜天地不同。例如，羌族拜天地是“六拜”，一对新人在男方神龛前一拜祖宗创业恩，二拜父母养育恩，三拜夫妻偕百老，四拜子孙个个强，再拜来客、帮众，最后夫妻对拜，然后新郎揭去新娘的红盖头，双双

拜天地 秦荣艳 摄

进入洞房[①]。辽宁满族新娘和新郎拜天地时，拜的是星斗，俗称“拜北斗”，实际也是拜堂仪式。青海蒙古族“拜日月”，相当于汉族的拜天地，新郎新娘双双面朝东，站在白毡上，二人手握一支羊排骨拜三拜，象征着把两颗纯洁的心拴在一起，祝愿婚姻与天地长存，日月同辉[②]。

有些地方在特殊时候会请人代拜天地。一般来说，两家约定的婚期已到，双方都做好了准备，但新郎或在外服役，或经商不归，或重病卧床不起，只好让新郎的妹妹代拜天地。但必须女扮男装，怀抱一只大红公鸡。还有的是新郎长相丑陋，或身有残疾，相亲时就找人代替，拜堂时仍找人替。这种习俗大都发生在过去。20 世纪 50 年代前后，男子服役在外，喜期不能按时归来，由其妹代为拜堂成亲的现象在各地仍然存在[③]。

四、坐福、撒帐

新人拜完天地，即被送入洞房。之后，新娘要在床上

---

① 马宁：《羌族婚俗初探》，《阿坝师范高等专科学校学报》，2004 (3)。

② 秦木措：《青海蒙古族婚姻习俗简介》，《青海民族学院学报》（社会科学版），1988 (2)。

③ 刘曙升：《沂源民俗》，人民日报出版社，第 121 页，2002。

静坐一会，俗称“坐福”。新郎此时要来给新娘挑盖头，“撒帐”的习俗也是在这时完成的。

甘肃乃至西北地区的新人要进洞房，必须留下“买路钱”。婚礼过后，一些地方有锁洞房的习俗。即在新婚夫妇入洞房前，新郎的弟弟、堂弟及嫂子等，将洞房用锁子重重叠叠锁起来，新婚夫妇只有留下“买路钱”，即给锁门者礼物或钱后，才能开门[①]。

华北地区新人进洞房不必拿“买路钱”，有些地方甚至还有唢呐伴奏。如山东费县，新人拜完天地后，新郎在前，新娘在后，踩毡而行。唢呐手吹起唢呐，同时，人们把红席传进洞房，一半在床上，一半在地下，这叫搭床席。进洞房有五个程序，第一是挑麦穰，新媳妇坐床上，由大伯子挑麦穰填枕头，两个架媳妇的一人填一个枕头，边填边唱“这对枕头俺来填，荣华富贵万万年”；第二是喝面汤，由架媳妇的人喂新娘面汤，叫“宽心面”；第三是吃红皮鸡蛋，称“一口咬到鸡蛋黄，明年生个状元郎”，一个鸡蛋由两个新人吃，表示友好和睦；第四是点烟，架媳妇的人给新郎点上烟袋，不管新郎会不会吸烟，都吸两口，以示男

① 高启安：《西北地区汉族婚俗漫谈》，《丝绸之路》，1994（1）。

子汉气；第五是换鞋，新郎由架媳妇的人换上女方在娘家做的压床鞋，换完鞋，新郎要用烟袋杆子挑新娘的蒙头红，将之丢到覆棚上。此后，新郎走出洞房，唢呐声停止①。

“坐福”习俗广泛流行。在东北地区，一般是新娘上炕后要面向吉方（算命先生所指定的方向）坐在一条被子上，被子下面有一把用红布包裹的斧头。“坐斧”也就是“坐福”之意，一般要坐到娘家人走后才能下地②。有些地方是

麒麟送子 秦荣艳 摄

① 蒋雪：《费县婚俗》，《民俗研究》，1996（4）。

② 姜明、侯丽清：《南票地区汉族婚俗的调查研究》，《阴山学刊》，1999（3）。

新郎新娘共同坐福，如安徽，新娘、新郎见面后要进新房“坐富贵”，男饮糖水，女仅沾唇[①]。福建也是新郎、新娘进入洞房，双双并坐床沿，俗称“坐床”、“坐富贵”。有趣的是，陕西韩城一带的新娘坐福是坐在萝卜上面，当晚要用那些萝卜做成馄饨由全家人吃掉。人们以为这样做，新娘的公婆可以早点抱孙子[②]。

“坐福”在山东或被称为“坐帐”。山东烟台，新娘进入洞房，盘腿坐炕角，名为“坐帐”。坐帐期间亲邻往来不绝，名为“看新媳妇”。俗有“三日之内无大小”之说。高密新娘须跨鞍子进洞房。在洞房床前放一张桌子，桌子上放两碟年糕、枣、栗子，新郎先踩着桌子上床，围着床踩一圈，新娘再踩着桌子上去。结婚三天以内，新娘不下床，新郎侍奉周全，连洗脚水也得端上。青州新娘坐福期间，新人先抱麒麟，意为“麒麟送子”；然后“咬饽饽糕”，迎亲人此时说一些诸如“大口咬，一口咬着栗子枣”之类的吉祥话；接着吃新娘带来的“随身饭”——面条和小水饺。

---

① 安徽省来安县地方志编纂委员会：《来安县志》，中国城市经济社会出版社，1990。

① 高启安：《西北地区汉族婚俗漫谈》，《丝绸之路》，1994（1）。

按照河南焦作的习俗，进入洞房后，新娘要坐在新床上等着新郎的妹妹端来清水洗手，表示洗去一路风尘[①]。

不能不提的是，坐福期间，一般都有一个禁忌，那就是新娘不能上厕所，为此新娘的母亲在女儿出嫁前几天就

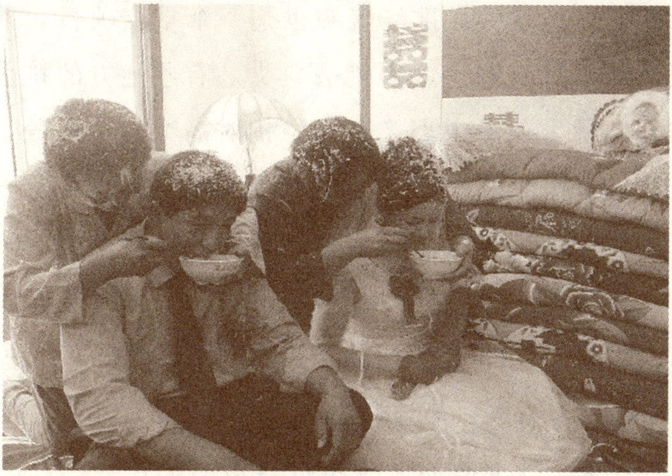

吃“随身饭” 秦荣艳 摄

开始限制女儿的饮食。新娘在结婚前三天就要少吃饭、少喝水，仅吃点蛋黄之类的营养较丰富的食物，以免到时坏了规矩。凉山彝族也讲究在婚期来临时新娘禁食，彝语叫

① 邢怒海：《焦作传统婚俗文化与民间歌谣》，《焦作师范高等专科学校学报》，2003（4）。

“杂空”。在此期间，新娘只能以水度日，杂空的时间多者七至八天，一般也要三至五天，一直要坚持到上婆家为止。当地人认为“杂空”的时间越长，表示新娘越懂礼数，有毅力，因而也就越光彩，不然就会受到人们的耻笑①。

进了洞房以后，挑红盖头也是一个重点项目。西北地区，新娘进入洞房就得挑去盖头。有些地方的挑盖头并非新郎挑，而是由娶亲者挑，挑时高喊：“挑盖，挑盖，两口子死情相爱”②。晋中祁县等地，新郎用秤杆挑去新娘头上的“盖头红”后，新娘的嫂嫂即动手脱去新娘脚上的新鞋，为她另换一双。所谓“换新鞋，就新范”，意思是新娘以后行事要按男家规矩，受婆家约束③。

撒帐的婚俗大多是边撒边唱。各地无数的撒帐歌，内容大同小异，都是祝贺荣华富贵，儿女双全，多子多福。中原地区的《撒帐歌》非常多，如洛阳的一首《撒帐歌》唱道：

从来不进新人房，新人请我来撒床。

---

① 张艳娟：《彝族婚俗》，《黑龙江省社会主义学院学报》，2000（4）。
② 高启安：《西北地区汉族婚俗漫谈》，《丝绸之路》，1994（1）。
③ 温幸、薛麦喜：《山西民俗》，山西人民出版社，第17页，1991。

叫秋菊，和海棠，拿来瓜果我撒床。

一把撒在床里边，得个小孩做武官；

一把撒在床外边，得个小孩做状元。

一把麸，一把盐，大的领着小的玩；

一把核桃，一把枣，大的领着小的跑。

撒帐以后，满床都是瓜果五谷，当然没法睡觉。又有《扫床歌》，也是边唱边扫，同样是表达喜庆内容的[①]。

“撒帐”在西北地区又叫“撒床”、“铺床”，还有叫“抢床”的，时间也不尽相同。进洞房时，新娘怀抱一个装满了糜子的瓶子，揭盖者揭完盖头后，即扬撒瓶中的糜子，边撒边喊：“扬一把糜子，养下娃娃不拖鼻子”。另一种是撒枣子和核桃，撒时高喊：“双双核桃双双枣，娃子多来女子少”，由新郎新娘互抢，故谓之“抢床”。有些地方是将枣子与核桃藏于炕之四角被褥下，称做“压角”，新婚夫妇必须时刻注意不被人偷去。据说不孕者偷吃了这些核桃、枣子后就可生育[②]。

平时我们说“结发夫妻”，现在一些地方仍有结发的习

---

① 葛世钦：《中州民歌与婚俗》，《殷都学刊》，1986（1）。

② 高启安：《西北地区汉族婚俗漫谈》，《丝绸之路》，1994（1）。

俗。陕北习俗，一对新人进入洞房以后先是背靠背坐下，接着由“送人婆姨”将新娘辫梢搭在新郎肩上，并用木梳为双方做梳头动作。这意味着新郎、新娘从此成为“结发夫妻”，将永结同心，白头偕老。山西吕梁临县类似的习俗不叫“结发”，叫“梳头”，即把新郎新娘的头发梳到一起，同样表示“结发夫妻”和睦相处的意义[1]。

五、耍新郎与骚公婆

新人拜过天地，新娘就在洞房里坐福。而洞房外头的热闹气氛一点也不比洞房里头差，大约在这个时候，有些地方有宾客戏耍新郎或其父母的习俗。

耍新郎的形式多种多样，一般是新郎的同辈兄弟、好友千方百计和他开玩笑。这并不算什么，相比之下，辽宁满族的新郎往往被一群女孩子的恶作剧折磨得满头大汗、焦急不安而又无可奈何。当夜幕降临后，新郎要背着包裹绕帐篷走三圈儿，边走还要边试探地问：“留不留宿啊？”新娘如果羞于回答不吱声，新郎便只好继续走下去。直到新娘回答“留宿”，新郎才能走进帐篷。新郎在帐篷外绕圈

① 白占全：《吕梁民俗》，北岳文艺出版社，第30页，1998。

儿的时候，女孩子们三五成群，隔着帐篷与新郎作对，耍弄新郎。每当新郎问“留不留宿啊”时，女孩们便在夜幕之中冒充新娘喊：“不留！”于是，新郎只好继续走圈儿。看着新郎一圈一圈地绕着帐篷走动，女孩子们觉得十分有趣、开心。时间长了，新郎的兄嫂或族兄嫂会出来干涉，对着女孩子们喊：“喂！别闹啦！”女孩子们喊：“不行！”一阵哄笑后才罢休[①]。

相比之下，羌族的新郎最得人们的“疼爱”。婚礼中要给新郎“挂红”，这是羌族的重要礼仪。这个礼仪也针对远方来的客人、本民族的英雄、受人尊敬的老人、遇到喜事的新人等举行，以示尊敬和爱戴。相比之下，给新郎挂的红是最多的。由于给新郎挂红的人很多，往往一场婚礼下来，新郎就会被红布红绸裹得全身红色，尽显喜庆之气[②]。

闹公婆的习俗，多流行在西部、西南地区。青海将此俗叫做“骚公婆”。当新娘入洞房后，众乡亲把公婆簇拥到院子里，耳朵上挂两串红辣椒，头上戴上破草帽，脖子里挂一个铜铃，反穿皮袄，倒骑毛驴，在众人的逼迫下，让

① 曹宝明：《满族婚俗趣话》，《农村天地》，1999（10）。

② 马宁：《羌族婚俗初探》，《阿坝师范高等专科学校学报》，2004（3）。

公婆骑上毛驴转圈圈，逗笑话[1]。重庆璧山县婚礼上有“小媳妇逗老人公”的习俗，公公肩挎犁具，头戴草帽，脸上涂着红油彩，嘴里衔着一撮鲜草，打扮成牛的样子；而新娘则身着喜庆红褂，手持细竹鞭，扶住犁具，赶着公公往前走，好似“赶牛犁田”。人们认为“就是要小媳妇逗公公才叫闹新婚”[2]。和闹房相比，这才是真正的“结婚三天没大小”哩。

山西榆次的闹公婆

---

① 福尔卜：《青海回族婚俗文化》，《青海民族研究》，1996（2）。

②《民俗婚礼轰动县城 公公扮牛 儿媳持鞭赶牛》，《重庆晚报》，2006（9）。

闹公婆也是最具有山西特色的风俗。那些大娘、叔婶们把公婆打扮一番，再由新人带着鼓乐去请。公公头戴红纸做的高帽子，身穿老羊皮袄，羊毛朝外翻着，手提一个用高粱秆做成的烟袋（烟袋锅是用胡萝卜刻的，烟袋杆上吊着一个用旧布做的烟布袋）骑着枣红马，新媳妇牵着。再看婆婆，人们把面给婆婆抹到脸上当粉，两个脸蛋涂得红红的，身穿绿毛衫，脖子上挂着一串用茄子、辣椒做成的项链，也骑着马，儿子牵着。老两口这副打扮尽管不雅，但被嬉闹的人簇拥着、欢呼着，心里美滋滋的。这种习俗是图个吉利喜庆[①]。

喝喜酒

喜筵是婚礼的另一个重点。主家要设宴款待来宾，俗称喜酒、结婚酒。亲友围坐在一起，品尝丰盛的筵席，喝酒谈笑，非常热闹。有些地方安排在中午，也有在晚上举行的。婚宴规模与家庭地位、经济状况以及参加婚礼的亲友人数有很大关系，筵席的质量、档次也会受到地域和家

---

① 樊宇：《尘封的古村落——山西省榆次区后沟村影像调查》，山东电子音像出版社，第 129—130 页，2005。

境的影响。在结婚筵席上，各地都有一定的规矩和禁忌，充分体现了人们对亲属关系网络的重视。

一、喜筵

大多数地方由男方来举办喜筵，女方举行与否全凭自愿。但有些地方女方依照习俗，嫁女也要备办喜筵，喜筵特别简单甚至不办喜筵的情形较少一些。

北方大多把参加婚礼俗称“喝喜酒”或“吃大席”。大席是人们招待客人的最高标准。鲁南地区，20 世纪 70 年代中期之前，一般都是“八果四肴十大碗”，后来又增加了用大盘盛放的整鸡和全鱼，俗称“大件”。现在喜筵上都是四个大件，包括鸡鱼肉蛋，海鲜也很常见；每个大件还要附带四个菜。十大碗至今照旧，只是过去前三道菜是“头鸡二鱼三丸子”，现在是“头鸡二鱼四喜丸子”。喜筵中间，新郎的父亲还要来到桌前象征性地捧一捧碗、盘，劝客人多喝酒、多吃菜，叫“整碗”，实际上是表示主家对客人的敬意。同时新郎新娘还要逐桌敬酒，只是新娘不给娘家人敬酒。

喜筵往往先上几道点心，再上各类菜肴。台湾有上“新娘茶”的习俗。这茶并非可以喝的茶，实际上是蜜饯、甜冬瓜条等“茶配”组成的所谓“茶点”，由新人在媒婆及家人的陪伴下敬请宾客享用。来客吃完“新娘茶”后，要包红包置于茶杯为回礼[①]。不过，这道“新娘茶”是在喜筵快要结束之际才端上来的。

许多地方的喜筵都少不了鱼和鸡。福建习俗讲究鱼和鸡必须是整只的，这叫全鸡全鱼，不能斩断切碎。漳平流行一种独特的喝鸡头酒的习俗。席间在吃鸡这道菜时，端菜者都有意识地将鸡头对向首席的贵客，这位贵客必须饮干一杯酒以后，将鸡头对向别人。依此类推，直至全席的人都喝上酒为止[②]。

大多数地方，所有的亲戚享用的席面是相同的。而北京门头沟山区的喜筵上有三种不同席面：下马饭，正席和邀席，合成“连三席”。下马饭又叫新人席，席面是饽饽(饺子)、长寿面，取儿孙满堂和幸福长寿之意。这是新娘子过门后在婆家吃的第一顿饭，要坐在正位上，由别人侍候着进食。自成为人家的媳妇后，新娘一生或许只有这么一次坐正位的机会。正席用来招待“新亲”（即新娘子家

---

① 林亚顺：《台湾婚俗食苑撷趣》，《烹调知识》，1999（1）。

② 林国平：《福建省志·民俗志》，方志出版社，1997。

送亲的宾客），又叫新客席。邀席也叫偏席，是招待参加婚礼的亲朋好友的[①]。

从“连三席”的不同席面中，我们能够看到主家不同的亲属类型，而山西“流水席”的就餐顺序也反映了这一点。采用“流水席”招待客人时，入座的首先是娘家的客人。每一拨人吃饭的时间只有15至20分钟，吃完一拨，撤去残盘剩盏，另一拨人就座。一般要到深夜，所有人才能够都轮上[②]。羌族宴请宾客，依次请送亲的女方近亲、男方母舅、家门长辈、远客、邻居、新郎家中近亲，也是一轮一轮地吃[③]。

有些地方的婚宴菜肴有吃菜、看菜、分菜之别。宴席上的菜肴本来都是让人吃的，但出于某种礼仪，有的菜却只能看不能吃，这在民间叫做“看菜”。湖北鄂州市涂镇的婚宴上就有一碗“看鱼”，这是一条经过炸制或腌腊的鲤鱼或鲢鱼。其“看鱼”的标志是鱼尾贴的一张小红纸。据说这是过去经济条件有限而又要顾及礼仪才产生的习俗。除

---

① 袁树森：《柏峪村的特殊婚俗》，《北京档案》，2002（1）。

② 樊宇：《尘封的古村落——山西省榆次区后沟村影像调查》，山东电子音像出版社，第131页，2005。

③ 马宁：《羌族婚俗初探》，《阿坝师范高等专科学校学报》，2004（3）。

了“看鱼”外，有些地方还有“看肉”、“看鸡”、“看鸭”等。而那些不在婚宴上吃或看的菜肴，是专门给赴宴宾客带回家吃的菜，叫做“分菜”①。

不管是“吃菜”，还是“看菜”，毕竟大家最终吃的都是做熟了的菜，而居住在滇南哀牢山地区的少数民族婚礼上要吃夹生饭。这种夹生饭必须蒸至五分熟，使其外熟内生，据说这样可以让新娘早生贵子②。

到了喜筵的后半部分，一些地方有感谢厨师的习俗。华北地区，一般是送新娘的“大客”到厨房中给厨师一些酬劳，香烟、红包均可，名为“赏厨礼”。这礼非上不可，否则大厨迟迟不上最后一道菜。大客为了不耽误归程，也会按时把赏厨礼送上。按照青海的习俗，娘家人要给厨师敬酒，并赠送新毛巾一条，上放红包一个，俗称“抬上汤”或“谢厨长”③。鄂东南喜筵上有“插花”仪式，也叫升花。娘家送亲人坐的酒席上，从第一碗菜端上来开始，每碗菜上要插一朵红花，跑堂的要说《插花文》祝贺：“一

① 方爱萍：《婚宴食俗》，《中国食品》，1992（1）。

② 李盛仙：《少数民族的婚俗食物缘》，《东方食疗与保健》，2004（12）。

③ 朱世奎：《青海风俗简志》，青海人民出版社，第84页，1994。

朵红花向阳开，恭贺新爹和新奶，新人一肚子生两个，一个老人抱一个小乖乖。”送亲的一般每碗要放上打发钱，跑堂的才把菜碗放下[①]。实际上也是新娘娘家人借此感谢婚宴上那些端盘子跑堂的小伙子。

一般来说，新娘娘家人感谢厨师以及跑堂以后，就差不多到了喜筵结束的时间。大多数地方，来参加婚礼的客人通常吃罢喜筵就告辞了。但人们在礼节上讲究面面俱到，送亲的临行前一般要与新娘公婆说说家常话，通常是“闺女初来乍到，什么事情多担待多教导”之类的客气话，并确定叫对月（回门）的时间。公婆也会说些“回去对亲家公亲家母说孩子到这里是自己家，一定当闺女看待她”之类的宽心话。主家也会给所有来宾赠送喜糖、喜烟等礼物。

二、舅舅与“大客”

多数地方喜筵的座位都是比较讲究的，来贺宾客在就座时都不得随意而坐，必须按照宾客的身份、地位、辈分、年龄等依次排列，因此在就座前，客人之间往往会互相推

---

① 柯小杰：《中国民俗知识丛书·湖北卷》，“民间文化青年论坛”网站，2006。

让。究竟如何安排座次，各地规矩不一，但“大桌”或“主桌”上的首席必定是舅舅坐的。俗话说“天上雷公，地下舅公”，外甥结婚之日，母舅地位最高，有些地方男家还得派专人专程去迎接母舅。首席尚未落座，不得开宴①。婚宴结束，离开席位也讲究秩序。在湖北安陆一带，主桌未散席，其他桌的客人是不能随便离席的，即使吃完了也得空坐奉陪，直到主桌散席，方可离席。而在主桌中，第一席上的人不起身，同桌其他客人也不可随意离席。可见散席完全由“主席”决定②。

婚宴上除了老人和贤者坐上席以外，新娘娘家人也要坐上席。娘家人称为“大客”、“上亲”、“高亲”，顾名思义，男方对他们是格外的尊重。山东把送新娘的娘家人称做“送客”，男方要格外优待他们。有些地方采用流水席的办法，分头场席、二场席、三场席，头场席要专门招待新娘娘家人。青州招待娘家人的酒席时间长，饭菜规格也比普通客人要高。对男送客要单独在正屋设一席，男方要有陪客劝酒；如果有女送客，男方也要出女陪客劝酒，一定

---

① 林国平：《福建省志·民俗志》，方志出版社，1997。

② 方爱萍：《婚宴食俗》，《中国食品》，1992（1）。

喜筵上挑剔的舅舅

要尽心尽力让娘家人吃好喝足。江西萍乡送亲的被尊为“高亲”，由女家有威望的亲属担当，去男家接洽，在男家结婚筵席上坐上席。

门巴族婚宴上，新娘的舅舅坐最好的座位，面前摆放着最好的酒肉；但他还是要百般挑剔，动不动就发脾气，一会儿指责敬上的酒味道不好，一会儿指责面前的肉不新鲜。舅舅一发脾气，新郎家里人立刻想办法让舅舅消气，又是献哈达，又是敬酒，又是送礼，又是道歉，一副小心翼翼的样子。最后，舅舅终于高兴起来了，于是，宾主同欢，通宵达旦。其实，舅舅在婚礼上大发脾气不过是装样子而已，习俗历来如此。不过婚礼被新娘的舅舅这么一渲染，便大大地增加了戏剧性[①]。

婚礼上宾客越多越好，主家图个热闹、喜庆。甘肃黑河流域铜城乡的关家河村，送亲的人数越多越好，凡是给女方家中送过礼的人，在第二天完婚时，都必须到男方家中来，名曰"吃筵席"。送亲者多则六七十人，少则四五十人，人数越多，女方越显得荣耀、体面。而同样是在甘肃，崇信汭河川区和柏树乡一带，送亲的人数不能超过两席人，否则会被婆家人耻笑，讥讽为"吃大户"[②]。

三、吃新娘饭

婚礼期间，除了送亲人和男方家的亲友以外，新娘也要吃饭，不过各地习俗差异很大。在许多地方，新郎新娘

---

① 李涛、江红英：《西藏民俗》，五洲传播出版社，2004。

② 杨福堂：《崇信的婚姻习俗》，平凉文化信息网。

尤其是新娘并不会与宾客共赴喜筵。而是在洞房另设一桌由新郎的妹妹们陪伴新娘以及伴娘用餐，新郎则与其朋友、兄弟一起吃饭；或者让一对新人共同进餐。在喜筵进行到一半时，由司仪、家长引导新人来向宾客敬酒，从大桌开始，逐桌轮过[①]。但有些地方如山东、江苏，禁忌新娘给娘家人敬酒。

新娘从娘家嫁到婆家，生活环境发生了改变，面临着新的约束和规范。由于新娘的这一个新变化，她的饮食也被赋予了各种象征意义。桂中有“吃新娘饭”的习俗。新娘进洞房后，宾客亲友开始宴饮。这时在洞房里会安放一桌，由新娘、媒婆、女友、婆婆等共同进餐，叫做“吃新娘饭”。婆婆亲手给媳妇装一碗饭并悄悄吐一些口水。民间认为新媳妇吃了有婆婆口水的饭，一来很快就惯熟；二来听话，孝顺公婆；三来听从丈夫管教。现在婆婆大都不再吐口水。许多地方新郎新娘与父母、亲友共桌进餐[②]。赣南安远的新娘在出嫁当天只能吃菜不

---

① 林国平：《福建省志·民俗志》，方志出版社，1997年。

② 黄革：《桂中婚俗十五曲》，《中南民族学院学报》（哲学社会科学版），1988（6）。

能吃饭。因为吃了婆家的饭就意味着是婆家的人，以后婆媳有了矛盾，媳妇即使受了委屈也只能强忍。同时也忌接毛巾或手巾，毛巾在安远方言中与“面怕”谐音，手巾与“手怕”谐音，如果接了就意味着新娘往后会怕夫家，在夫家永远抬不起头来[①]。广东雷州，新娘过门后吃第一顿饭时，吃饭留半碗，象征勤俭持家，吃饭有余。否则家人有意见，邻居好事者也会说没有礼貌，大手大脚[②]。

鲁南一带的习俗表现了婆家对新娘的体贴。婚礼当天的傍晚，婆婆会给新娘端来一碗用蜂蜜和香油混合调制而成的“蜜调油”，筷子以用红丝线捆绑着的大葱代替。人们认为，新娘“喝了蜜调油，一辈子不犯愁”。实际上，新娘在出嫁前三天就已经“忍饥挨饿”，来到婆家被闹腾了一天，早饿得“前胸贴后背”了，此时来点“蜜调油”，可以迅速补充新娘体力，以应付夜晚的“闹洞房”。

---

② 蓝希瑜、杜娟芳：《安远客家婚俗初探》，《赣南师范学院学报》，2004（2）。

③ 叶春声：《岭南风俗录》，广东旅游出版社，1988年。

四、乞丐贺喜

山东有一习俗，谁家办喜事，乞丐便赶来凑热闹，混顿饭吃。这些人称为喜郎，唱的多是赞美祝颂之辞，并无固定格式；见景生情，即兴创作，竹板一打，便在门前唱起来，唱词体现的是整个婚礼的过程。其词有：

月儿弯弯照九州，
里挂红灯外挂绸，
今日黄道吉星照，
花轿抬到大门口。
大门口，铺红毡，
又吹喇叭又放鞭，
旗锣伞扇两边站，
新娘下轿贵人搀。
顶红袱，穿红衫，
柽子酒壶拿两边，
贵人搀着新娘走，
迈过石头迈马鞍。
进大门，喜气添；
进二门，保平安。

一走走到当院里，
八仙桌上摆得全：
一斗粮，一杆秤，
三支箭，一张弓，
又烧高香又摆供，
敬着天地老祖宗。
新娘来到当院里，
叫来新郎拜天地。
一拜喜天，二拜喜地，
三拜公婆都满意，
四拜四季大发财，
五拜五福临门第，
六拜六六大顺利，
七拜七星大紫气，
八拜八仙来贺喜，
九拜九赐大加官，
十拜事事都如意。
……

喜郎唱罢喜歌，进门高喊一声："给大爷道喜了！"便跪倒磕头，随手将用红线穿铜钱而编成的“钱串子”扔在院内，撒得遍地都是，然后起身退到门外，找个地方休息等赏去了。执喜人要赶紧将“钱串子”拾起来，开给赏钱，管他一顿饭，才能把他打发走[1]。现在，唱喜歌的不多了，但是闻听哪里有婚娶之事，很快会有“炮头”赶来。“炮头”在场地外围，避开人群，填药装炮，严阵以待。听到司仪“鸣炮奏乐”的口令，或听到主家鞭炮一响，他们便立刻点响铁筒炮或纸鞭炮。等仪式结束，他们随即一拥而上过来给主家贺喜并吵闹着索要“赏钱”。这在山东也是十分普遍的习俗。

闹洞房

一、闹洞房

结婚当天的夜晚，各地都兴闹房，俗称“闹洞房”、“闹新房”，具体内容主要是在洞房内嬉戏、戏谑新婚夫妇。由于习惯以新娘为主要逗趣对象，故闹房又称“看新娘”、

---

① 山曼等：《山东民俗》，山东友谊出版社，第196—197页，1988。

"吵新娘"。"新婚三日无大小"。婚后三天，宾客、亲友、邻里，不分辈分高低、男女老幼，都可来到新房闹上一通。闹房之际，来宾往往想方设法、巧立名目，策划各种诙谐有趣的节目，令新郎、新娘在扭捏为难中表演、应对。

闹洞房是我国传统婚俗的一部分，不同的地区，活动的内容不完全相同。闹房有祝福的含义，河南林县有"闹喜闹喜，越闹越喜"之说。福建民间认为"新婚不闹不发，越闹越发"，以此来增添新婚的喜庆气氛，实现婚后吉祥如意、兴旺发达的意愿。河南焦作则有民间俗语"人不闹鬼闹"，说明闹洞房也是一种驱鬼、求吉仪式。

俗话说"进门三天无大小"，闹房是谁都可以闹的，在洞房里，男女老幼无论贵贱贫富、长幼亲疏，拥挤一堂，嬉戏笑闹，无拘无束。新郎新娘要好好招待前来闹房的客人。广东恩平就把新婚闹房叫做"乱房"。在山东一些地方，闹房虽没有什么限制，但一般来说闹房的主要还是晚辈，尤以弟侄辈为多。他们围住新娘索烟要糖，说些俏皮话，造成欢乐的气氛。喝交杯酒时的闹房，一般是连同新郎一起闹。"咬苹果"算是比较文雅一点的，还有一些节目简直就是对新娘的"刁难"。例如让新娘点烟，吸烟者使劲往外吹气，要么一个劲地努嘴，使烟不定位，无法点着烟；或是叫新郎、新娘每人用一根手指夹着烟递给客人。这一切，既增加了洞房的热闹气氛，也考验了新人的性格脾气。台湾的“闹洞房”是整个婚礼的高潮，气氛也最热烈[①]。

华南地区的闹洞房习俗，最有特色的要算是“做四句”。“四句”即四句顺口溜。按照广东潮州习俗，女方要专门聘请一位老年妇女来引导新娘行各种礼仪，从新娘梳妆、上轿，以至拜堂、闹洞房，都由她陪伴、引导。这位老年妇女叫做“青娘母”或“青娘”。若想一睹新娘的芳容，必须说出吉祥如意的“四句”，新娘才肯放下遮面的扇。如果有人说了不三不四的话，那么青娘就不让新娘放扇露面，只是客气地敬酒、敬茶，请他再作佳句[②]。赣南客家人闹洞房，却反过来让新娘题诗作答。“闹洞房”时组织者须先将新人“骗”出洞房，然后把守房门不让入内，要进入洞房必须题诗作答或表演组织者设计的节目，节目的难易程度视新人文化素质来定，形式多样，有雅有俗[③]。

---

① 林亚顺：《台湾婚俗食苑撷趣》，《烹调知识》，1999（1）。

② 《潮州人的人生礼俗》，南方网。

③ 蓝希琳、罗琼：《赣南客家婚俗及其社会文化功能分析》，《湖北民族学院学报》（哲学社会科学版），2005（1）。

闹洞房 李凡 摄

有的地方闹房也有特意针对新郎的题目。广东东莞一带农村，新郎和客人在厅里饮酒作乐闹到午夜时分，便开始“牵猪公”。新郎嘴里咬着几块番薯叶子，两手着地爬行，学猪的模样。主婚人则拿一根小竹子，在新郎撅起的屁股上轻轻打。新郎顺势要哼哼几声，在众人哗然大笑中，绕着酒席桌爬行两三圈。主婚人把新郎赶到洞房门口，推开门。新郎站起，主婚人使尽平生力气，把新郎一推。新郎早有几分酒意，加上背后推力大，他站不稳，一个踉跄，跌倒在新娘怀中。主婚人此时顺势把门拉上，祝福一声："一篙到尾，夫妻齐眉！"一场婚礼的滑稽剧到此结束[①]。

闹洞房并非毫无章法、随意而为，人们常以组织的形式采取行动。赣南客家组织"闹洞房"的人多为思想敏捷、想法独到的人。广西钟山一带的汉族则有明确的"闹房头"。青年们事先组织好闹房队，有一两个"闹房头"，合计用什么花样来闹。当晚的闹房主要由闹房头来指挥。这类闹房往往节目更丰富，也更热闹、有趣。闹房直到深夜，闹房头宣布闹房结束，大家才高兴地离去[②]。

安徽闹房有专门的"闹房歌"。唱词有："看新娘，贺新郎，一进洞房喜洋洋，左脚进门生贵子，右脚进门生凤凰。""手打灯烛亮堂堂，看看新娘好嫁妆，高的柜，矮的箱，不高不矮象牙床。象牙床上卧鸳鸯，鸳鸯成对，凤凰成双。"歌声让新房内充满欢乐和诙谐[③]。

新婚之夜，一般都是新人成双成对，但有一些地方的

---

① 刘志文：《广东民俗大观》，广东旅游出版社，第298页，1993。

② 广西壮族自治区地方志编纂委员会编：《广西通志·民俗志》，广西人民出版社，第244页，1992。

③ 婚嫁习俗：生生一路旅游网，见 http：//www.3316.com.cn/Minsu/anhui/。

新娘在新婚之夜并不待在新房里。比如湘西南高寒山区的花瑶人，新娘要在堂屋里独坐冷板凳，不吃不喝，静静地挨过寨子里这欢腾、喧闹、多情的夜晚[①]。桂中一带，新娘要“独守洞房”。新郎在这一天一夜都不进洞房，或者只进去一下就出来；晚上也不与新娘同居，而由女友们陪伴新娘，或由女伴们与村上男青年通宵达旦地对歌[②]。

二、合卺

大多数地方，婚礼上都有一项必备的程序，即新郎、新娘喝合卺酒，俗称“交杯酒”、“合欢酒”、“交心酒”。古代的合卺是分瓢而饮。以后则是把两个酒杯用红线拴在一起，或者换杯而饮。这是夫妻第一次面对面喝酒，通常有闹房者围观，气氛相当活跃。换杯饮，是新郎左手执杯递给新娘的左手，新娘右手执杯递给新郎的右手，夫妻同时各饮半杯，然后交换酒杯再饮。牵线饮，是用一根红线，两头各系一铜钱，分别放在两个酒杯内，夫妻同时端起酒一饮而尽，或者交杯再饮，但铜钱不能扯出酒杯。为了凑

---

① 老后：《撩人心扉的花瑶婚俗》，《民族论坛》，2001（6）。

② 黄革：《桂中婚俗十五曲》，《中南民族学院学报》（哲学社会科学版），1988（6）。

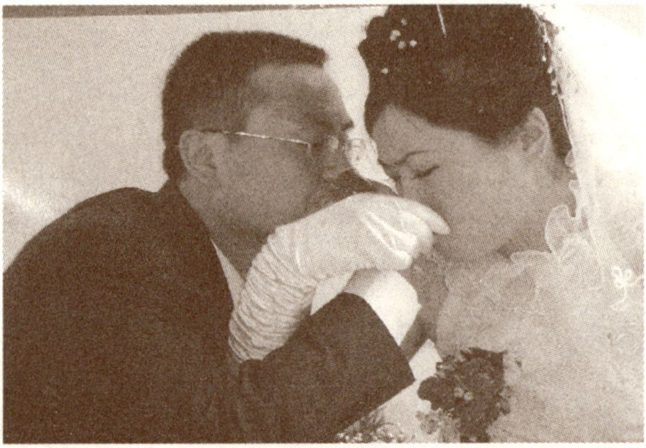

交杯酒 李凡 摄

趣，红线越短越有意思。饮交心酒时即可闹房，让新郎新娘互相布菜，甚至互相喂菜等。在山东威海，饮过交杯酒后，新娘要吃一碗海蛎子、一碗老板鱼，意思是“立子”和“相伴到老”[①]。

山东、江苏一带，新人多在深夜喝交杯酒，送房人（一般由新郎的伯母或婶子和嫂子担任）边敬酒边说“喜话”，通常是祝福新娘早日生儿育女：“手拿银壶嘴儿长，我斟双杯敬新郎。新郎喝我双杯酒，一年一个状元郎。”“手拿银壶嘴儿粗，我斟双杯敬皇姑。皇姑喝我双杯酒，生下儿子会读书。”[②]山东滕州一带合卺时间较早，新人拜过

① 山曼等：《山东民俗》，山东友谊出版社，第 198 页，1988。

② 刘兆元：《海州民俗志》，江苏文艺出版社，1991。

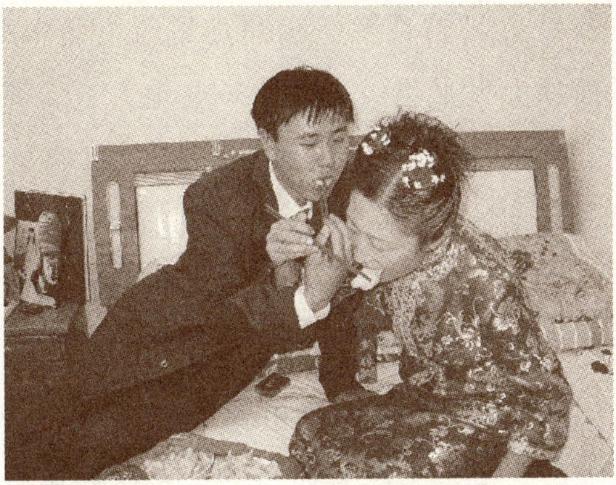

“交叨” 秦荣艳 摄

天地后即喝交心酒，同时让新娘吃几个故意不煮熟的水饺，闹房的人问“生不生”，羞涩的新娘往往低头回答“生”。

一些少数民族也有合卺礼。土族人的合卺礼在土族婚礼中主要表现为共食礼，共食物即精心烹制的猪内脏。其形分别被制成男女性生殖器状，嫂嫂作为成年妇女向新人敬食共食物，并通过这种特制的共食物向新人模拟两性的交合。这种习俗既传达出性启蒙的含义，同时也表达了人们对新人结合、早生贵子的希望和祝福①。

与合卺礼相似的做法还有，新人进洞房后，往往要吃

① 吕霞：《“哭”和“骂”中出嫁歌与舞中迎娶——话说土族婚俗》，《中国土族》，2003（3）。

一些富有象征含义的食物。福州地区流行新人吃太平面，也就是线面加上太平蛋。在台湾一些地方，新郎新娘吃合欢酒后，再吃汤圆，新郎新娘各一碗，每碗只有六粒汤圆。每人先吃两粒，彼此交换，再吃两粒。最后各剩两粒，以示“有余”。这时，新郎要将自己的碗盖在新娘的碗上，放在床上的垫单上。完成这一切“麻烦”的程序后再将碗双手捧到桌上，新郎新娘方可熄灯就寝①。

闹房过后，主家关闭大门，新人也将新房关闭。山东临沂一带，禁忌此后再开门，说是对新娘“不好”。据说是怕新娘出门看见九女星，将来可能得连生九个女儿才会生儿子。因此，不管是闹房的人群意犹未尽还想再多耽留一会，还是听房的人想藏在新房之内，都不能再开门进屋。要想听房，只能翻墙头进院子，在新房窗口偷听。

三、听房

闹罢了洞 房，众人都嘻嘻哈哈地离去。此时各地还有“听房”的习俗，又叫“听床”。闹房者要有意识地将新房的窗户纸捅破，据说这样可以早点听到新娘子“有喜”的好消息。不过，此时更多的是总有人在洞房外偷听新郎新

---

① 石柱国：《台湾婚俗奇观》，《现代交际》，1996（7）。

娘说话，这也是他们在结婚当晚要经受的又一个考验。偷听者一旦被发觉，新人也不会生气。新人对这种恶作剧要有宽容态度。这是民间流传不息的传统习俗。

许多地方讲究“人不听鬼听，人听传喜，鬼听传忧”。在山东沂源，新郎的母亲一定要提前安排好听房的人。闹房的话传出来，男方全家都放心了；传给娘家，新娘父母也是眉开眼笑，因为自己的姑娘受到礼遇，“公公喜，婆婆爱，女婿当做宝贝待”。如果男家人丁不旺，没有合适的听房人来安排，就暗地里在新房外的窗户下竖一把扫帚，搭上件衣物，装成人在偷听①。若婆家没有合适的人听房，按照山东嘉祥的婚俗，新娘的婆婆和嫂子只得亲自听房。

苏北、鲁南一带，闹房过后，有先“送床”再“听房”的习俗。送床就是女迎亲的把新人送到床上休息。她们让新人坐在床沿上，口中念叨：“状元爹，状元娘，状元的奶奶或大娘来送床。送床不是白送的，七封果子八封糖。”之后，闲杂人等离开，新郎的弟弟妹妹则在房外悄悄等候听房内的动静，或谓之“听悄悄话”。新婚第一夜，有“新娘先说话生女孩，新郎先说话生男孩”和“新婚之夜不说

---

① 刘曙升：《沂源民俗》，人民日报出版社，2002。

话，将来的孩子是哑巴”之类的说法，因此新郎无话找话也要和新娘说些什么。

西北地区汉族把“听房”也俗称做“听窗根”、“听墙根”，总有热心的志愿者充当“侦察兵”，利用闹房者即将离去的混乱，或藏于新房的柜子中、大缸里、床底下、窗子外面，来偷听小两口的窃窃私语、绵绵情话，察看他们的亲密情况。这些，不仅是第二天田间地头、茶余饭后的笑料，也是盼抱孙子的公婆们急于想得到的情报[1]。

回门及其他

婚礼最后的项目是新娘揖拜男方族人，并接受婆家对她的厨艺和女红的考验。从此新娘要接过家庭主妇的重任，全权处理家庭内务，负责一家人的吃穿。婚礼第二天，各地都有新娘“回门”的习俗。

一、分大小

新娘嫁到婆家，一般都有一个让她认识婆家合家大小的仪式。此仪式各地名称不一，有“拜大小”或“分大小”

① 高启安：《西北地区汉族婚俗漫谈》，《丝绸之路》，1994（1）。

之说，鲁南地区俗称“拜至亲”，赣南客家叫“拜堂朝”，陕北地区直接称做“拜人”。也有借着“拜家族”、“拜至亲”、“拜三堂”之机来认识丈夫家族全体成员的。

北方地区的分大小，主要是让新郎新娘在喜日当天或第二天给新郎的家族和亲戚磕头。俗话说“磕头不是白磕的”，凡是接受新人叩拜的家族成员和亲戚必须拿“磕头礼”。磕头礼收入一般都归新人所有，人们认为这是“磕头跪炉子挣的”，别人无权支配。北京一些地方，新人拜完天地后，先要“拜三堂”（三堂指祖父母、公婆和长兄长嫂），之后才开始拜其他亲属，进行认亲。长辈所赠送的红包叫“拜钱”①。西北地区汉族的新娘要先拜祖先神主，次拜公婆，后指认合家大小及亲戚，名曰“指大小”或“拜大小”，受拜者也各有礼物相赠②。辽宁满族的“分大小”仪式大致也是如此。

认大小不一定非得磕头叩拜。桂中一带，在婚礼第二天早上，有新郎新娘托盘向老人和亲友们敬茶的习俗，实际上也是一种“认大小”的形式。老人和亲友喝完茶也要赠送礼

---

① 袁树森：《柏峪村的特殊婚俗》，《北京档案》，2002（1）。

② 高启安：《西北地区汉族婚俗漫谈》，《丝绸之路》，1994（1）。

物，比如耳环、手镯、衣服等，有的是送些现金[①]。这和闽南、潮汕、台湾民间著名的“吃茶”习俗十分相像。湖南桑植白族也有认大小仪式，但既不是磕头，也不是喝茶，而是筛蛋、赠鞋。在婚礼的第二天，新郎新娘要早早起床，给在家里住宿的长辈们一一筛蛋。新娘则拿出事先准备好的新布鞋，用茶盘端着，给男方亲族的长辈们一人赠一双为礼。凡接受筛蛋和鞋礼的长辈，此时要掏出钱来作为筛蛋打发钱。新娘新郎筛蛋、赠鞋时，要叫长辈的称谓，若新娘一时记不住，新郎要及时提醒。为防止此种尴尬，往往新郎先叫，新娘接着叫，这叫“夫唱妇随”[②]。

有些地方认大小不仅仅是在新郎家族内部，而且要扩展到全村。鄂东南的敬茶习俗就是如此。新娘来婆家的第一个早晨，由小姑或侄女引导，先敬夫家的老人、公婆、亲戚；后到村子里，挨家挨户上门逐一敬茶。凡被敬者接下茶后，都要道出几句吉利的敬茶歌：“今天喝上新娘一杯茶，祝新娘明年生个胖娃娃”，“新茶香又甜，恩爱夫妻

---

① 黄革：《桂中婚俗十五曲》，《中南民族学院学报》（哲学社会科学版），1988（6）。

① 成均：《桑植白族婚俗探秘》，《民族论坛》，2002（9）。

一百年”等。公婆、亲戚还要给新娘“茶钱”[①]。在山西临猗的“分大小”或“见大小”仪式上，男方也要引导新娘拜见街坊邻里，各家老少一拥而出，围观新娘，称为“拜巷”。浮山等地则称为“串村子”。类似的仪式，岚县一带则在新婚当天拜堂之后举行，名为“吃过街饭”[②]。

山东高密地区婚后还另有让新娘认识婆家亲戚的机会。新夫妇在第一个正月初一到十五“串节”，也就是二人去看望新郎姑、姨，“认识亲戚们”。所带节礼不讲究形式，完全根据经济条件而定。亲朋好友要留新媳妇吃饭。

新娘有“认大小”的习俗，一些地方也有新郎认亲的习俗。河南焦作的新郎在迎亲时拜女方祖宗神位和父母，“认大小”以后才能迎娶新妇。实际上甘肃崇信婚礼习俗中的“端礼”也是新郎认亲的一种形式。正月里新婚夫妇从正月初三开始都要去“端礼”，也就是回敬那些新娘出嫁时来添箱的亲友，让新郎和大家逐渐认识，早点熟悉起来。陕北的回门习俗同时也是新郎 “拜门”（认识女方家人）

---

① 柯小杰：《中国民俗知识丛·书湖北卷》，“民间文化青年论坛”网站，2006。

② 温幸、薛麦喜：《山西民俗》，山西人民出版社，第18页，1991。

的机会[1]。

二、下厨房和表针线

许多地方都有新娘下厨的习俗，俗称“下厨房”。新婚第二天或第三天，新娘大都要下厨，以示从此开始操持家务，担任家庭主妇。至于新娘入厨时之所为，各地不尽相同。

有些地方以新娘在厨房里的象征性行为表示对她厨艺的认可。如福建同安，第二天早上，新娘先到井边打一桶水，然后下厨房，用此水煮甜茶招待亲友、邻居；此外，还要搅一搅锅里煮的“豆面”，摸摸筷子，表示已下厨处理家务了[2]。而湖北是在婚后三日行“参厨礼”，有的地方称“试厨”，也是象征性地做几个动作[3]。青海农村将类似的习俗叫“下厨房”，多数地方则由妯娌代庖，擀好面条，新媳妇只用菜刀切好即可[4]。

广东潮阳一带却是对新娘实实在在的考察。新娘过门

---

① 杨福堂：《崇信的婚姻习俗》，平凉文化信息网。

② 林国平：《福建省志·民俗志》，方志出版社，1997。

③ 李德复、陈金安：《湖北民俗志》，湖北人民出版社，2002。

④ 朱世奎：《青海风俗简志》，青海人民出版社，1994。

后第二天便要下厨，做一桌甜饭款待公婆以及丈夫的兄弟姐妹，以甜豆干、甜猪肝为主菜，乌鱼为陪菜；还有一碗甜饭，糖要从女家带来。据说吃了这餐甜饭，新娘和全家大小就会和睦相处，互敬互爱，日子越过越甜[①]。

西北地区汉族的新娘面临的考验较多。新娘结婚第二天或第三天下厨，厨房门上事先放着扫帚、挑水杠之类的东西，新娘要捡起放好；进入厨房后，要先捅几下灶火，在灶火内放一把柴火，并焚香磕头，谓之“拜灶”；案板上放着事先擀好的面，新娘要拿起刀来切几下，谓之“试刀面”；还要捡起倒放的油瓶。这些，都是为了测试新娘是否勤快、有眼力，茶饭手艺是否灵巧[②]。相比之下，山东高密和滕州的新娘则可过几天“清闲”日子，她们结婚三天之内都不下厨。但此后婆家人的衣食还是要由她们来照管。

表针线在各地又称“散针线”、“摆针线”，新娘把自己的女红拿出来展示给婆家人，实际上是婆家人对新娘针线手艺的一次检验。土家族的摆针线仪式早在新郎新娘进

① 叶春声：《岭南风俗录》，广东旅游出版社，1988。

② 高启安：《西北地区汉族婚俗漫谈》，《丝绸之路》，1994（1）。

入洞房后便开始了。新娘的陪送嫁妆和准备送给婆家各位成员的针线礼品一一陈列案上，由司仪一一点名，各成员上前接受赠礼并致谢。新娘送给婆家的礼物有绣花枕头、鞋子、绣花鞋垫等物，围观的人们此刻会纷纷评论新娘的针线手艺[①]。

山东一些地方将此俗叫做“送生活”。在婚礼第二天，新娘把回门时带来的鞋、枕等，分给全家老少，此时长辈要有回赠[②]。陕西商洛一带，新娘在出嫁前，也要亲自动手给男方家中的所有成员每人做一双鞋。婚礼结束后，新娘必须当场将自己做的鞋分给男家每一个人，大家当场试穿，并加以评论。这种习俗除了显示新娘的女工手艺外，还在于表明自己过门后能够尊老爱幼，与全家和睦相处[③]。如今的摆针线，主要是让众人看看娘家给新媳妇陪嫁了什么东西，男方家给新婚夫妇购置了什么家具、电器以及生活用品，等同于“亮嫁妆”了。

---

① 吕霞：《“哭”和“骂”中出嫁 歌与舞中迎娶——话说土族婚俗》，《中国土族》，2003（3）。

② 山曼等：《山东民俗》，山东友谊出版社，第200页，1988。

③《婚姻民俗用鞋》，http：//www.cnshoes.com/view_article.asp.id=2376，中国鞋网。

三、回门

婚礼的最后一项是“回门”，这是各地婚俗中比较普遍的一个习俗。已嫁女子第一次返回娘家探望父母，多数地区将此俗称做“回门”，苗族叫“转脚”。福建把回门又称做“归宁”、“翻马”、“头返倒”等。根据福建习俗，女子一旦嫁出就不再是娘家成员，新婚后返回只具有客人身份。因此回门又有“做客”、“做头次客”、“做三日客”、“新娘做客”、“请头遭”之类的说法。因新郎此行乃是首次正式作为女婿登门谒见岳父母及女家其余亲属，所以民间也有把回门称做“上门”、“回礼”、“做女婿”、“请女婿”之类的说法。通常新郎得陪新娘同返，取成双成对吉祥之意，故又称“双回门”、“双人返”[①]。温州人认为，新夫妇一同回门，一同回来，这是回门和会亲合并，叫“双双回花”；而新娘一个人回门的，则叫“单回门”。

回门的日期，各地不一，一般在成亲后的第三天，有当日回门者，也有第二天、第三天、第六天回门者，甚至还有婚礼数月以后回门的。例如广东佛山，回门是在婚礼四个月后，回门连续三次，俗称“头返厝”、“二返厝”、

① 林国平：《福建省志·民俗志》，方志出版社，1997。

"三返厝"。第一、二次新娘在娘家吃过了午饭，未见娘家晚炊之前就得返回；只有第三次才能在娘家住几天，与亲人团聚[①]。

河南南阳的一首《回门歌》，把当地的回门风俗唱得极其生动：

新媳妇，想娘家，想着想着哥来啦，搬个小椅哥坐下。问爹好，问娘安，问罢哥嫂问侄男。一家全问遍，掀开门帘去打扮。

拜拜公婆住几天？

住七住八，两家都发；住八住九，两家都有。[②]

回门习俗和过去相比也发生了很多变化，其中最明显的就是新娘住娘家的时间。以鲁南地区为例，20世纪60年代，是"叫三过四"或"叫四过四"、"叫四过三"；70年代是"忙三天"，也就是第二天回娘家住到第三天回来，整个婚礼三天即完成；90年代中期以后是"两天转"，整个婚礼的时间越来越短了。去请新娘回门的人选十分讲究，应是三代人，即：新娘的长辈伯父或叔父、平辈长兄或弟弟、

① 刘志文：《广东民俗大观》，广东旅游出版社，第277—278页，1993。
② 葛世钦：《中州民歌与婚俗》，《殷都学刊》，1986（1）。

晚辈侄儿。长辈最理想的是父母健在、儿孙满堂者。第三天把新娘送到婆家，婆家要隆重设宴款待客人，饭菜质量自不必说，陪客者则反复劝酒，生怕失职未尽主人之谊[①]。桂中新娘现在也是第二天一早“回门”，不过要由新郎的一个姐妹陪同，带上一斤肉、几包饼之类的礼物。如若距离较远，新娘可以留宿在娘家[②]。

但有些地方禁忌新人在娘家过夜，必须当日在太阳落山前返回。如赣南客家，新郎新娘回门时不得在娘家留宿，须当天回来，因为新人不得随便离开新房，当地有一个月内不得空房（洞房忌冷清）的禁忌[③]。

一般来说，“单回门”基本不带礼物。有些地方，讲究新娘离开婆家时带上一只包袱，包袱越大越好，象征日子越过越发，所以有的新娘干脆把自己的棉袄包进去。即使要带礼物，也是比较简单，多以吃食为主。而“双回门”就不同了，因为是新郎第一次以女婿的身份正式去岳父家，礼物自然要丰厚一些。广东回门时新郎带去的礼物

① 朱道来：《鲁南婚俗二题》，《民俗研究》，1996（4）。

② 黄革：《桂中婚俗十五曲》，《中南民族学院学报》（哲学社会科学版），1988（6）。

③ 易志文：《萍乡乡村婚俗考察》，《萍乡高等专科学校学报》，2001（2）。

多少视其家境而定，唯独不能缺少“烧猪”。此物象征新娘贞洁。过去新郎在洞房之夜还备有一条白巾，以备交合后拭秽之用，如有新红，即为完璧，可吃“烧猪”。不然回门礼中便无烧猪，男方可以退婚。女家收到烧猪，分送亲友，表示女儿纯洁无瑕。现在已经没有以烧猪来检验女儿贞洁的习俗了，但宴席上不论丰俭，一定少不了烧猪这道菜，象征着壮旺、吉祥[①]。

几乎绝大多数地方都认为回门即告婚礼结束，而纳西族婚礼的最后一项仪式是“送喜神”。喜神是指迎亲时的吹鼓手们婚礼仪式结束后，拆去凉棚，吹鼓手们讨了工钱辞别主家时，新郎用猪骨头、木柴棍做出追打的姿态，谓之“送喜神”。这时婚礼才能宣告结束[②]。

回门虽然代表了婚礼的正式结束，但由于男女双方处在联姻之初，尚需要加强往来，以帮助沟通两家的关系，同时也为初为人妇的新娘创造一个逐渐适应婆家生活的时段。

山东、江苏一带有婚后娘家“瞧亲”的习俗。喜日子后第四天至第六天，女方父亲和兄弟登门看望女儿，俗称

---

① 叶春生：《广府民俗》，广东人民出版社，第169页，2000。

② 陶立璠：《纳西族婚俗礼节》，《今日民族》，2004（2）。

“瞧亲”。亲家第一次上门，男方要设宴款待。之后，女方要把女儿带回家与亲人团聚。因有新房“头一个月不空房”的规矩，每天日出后接走，日落前送回，俗称“跑短趟”。除娘家外，叔伯、姑姨都要带新娘跑短趟，趟次越多，越说明娘家兴旺，新娘就越光彩[①]。

鲁南地区有一种习俗叫“走头趟”，时间多在结婚当年的中秋节前或春节前。因这是女儿女婿婚后第一次给父母送节礼，故有“走头趟”之名。丈人家要置办“大席”，并

“走头趟”归来 刁统菊 摄

① 刘兆元：《海州民俗志》，江苏文艺出版社，1991。

提前请好陪客，新女婿要坐首席。走头趟是女婿给丈人家送礼品最为丰厚的一次，目前通行的节礼是八斤肋条肉、八只枣红公鸡、一箱苹果二十斤、一箱酒八到十二斤、八斤馃子、八斤白糖。丈人家要把礼物留一半，回一半，但不会回肋条肉，因“回肉”犯忌讳，意味着目前的亲戚关系不会长久。不过粉丝或腐竹或粉条是必备的回礼，以此象征“扯络”，希望双方的关系往来不断。近些年还兴起回赠生活用具“拍子”，希望女儿的小日子过得红红火火。

赣南客家新郎到岳父家“转门”时，和鲁南的新女婿“走头趟”时所享有的礼遇一样。“转门”是新婚夫妇在婚后第一个春节备厚礼看望女方父母的习俗。“转门”时，新郎须坐上席，据说这是女婿在岳父母家唯一一次坐上席的机会，因此就有“洗澡望淋盆，结婚望转门”之说。而新人作为“上门客”，娘家近亲会轮流请餐，新郎新娘有请必到。几天后，娘家族人送新人回家，也会受到男方的盛情招待。有些地方认为，转门礼以后，新娘再也不叫“新娘子”，婚礼就此结束①。

---

① 蓝希琳、罗琼：《赣南客家婚俗及其社会文化功能分析》，《湖北民族学院学报》（哲学社会科学版），2005（1）。

河南的新郎也是在新婚后第一个春节陪同妻子去拜望岳父母，称“认门”、“认亲”，只是笨女婿要多吃些苦头了。上来先吃一碗饺子，不过新娘嫂嫂早就用辣椒做馅包了几个饺子放在碗里了。若新女婿已了解这种知识，吃时先用筷子夹开上面的饺子就不会出洋相。有的新郎不知此俗，端碗就吃，即使辣得满头大汗也得勉强吃完，结果就会在丈人家落下笑柄。豫西、豫北在新郎认门时也有戏耍新郎之风。新女婿一进门，新娘的弟侄辈便可与新郎嬉闹，或脱掉鞋袜，摘掉帽子，或扣留物品，让新郎拿出红包才会归还[①]。

山东高密地区有新娘“住正月”、“住六月”的习俗。正月初四，新夫妇必回娘家，娘家要留饺子给女儿吃，丈人要给新女婿压岁钱。新人在结婚的第一年收了麦子以后，一般在五月底六月初，回娘家差不多要住一个月，这叫“住六月”，也叫“看六月”。在娘家给公婆、小姑、小叔做鞋，主要是男方要看新媳妇的活儿做得怎么样；如果女儿做不完，母亲、姐妹就帮着做。

---

① 河南省地方史志办公室编纂：《河南省志·民俗志》，河南人民出版社，第306—307页，1995。

在结婚第二年的正月十五，赣南客家有新人“送灯打甑盖”的习俗。这是一项喜庆活动，结婚第二年正月初九到十五日，新媳妇娘家及族亲好友，都必须向新婚夫妇敬送一盏“麒麟送子灯”，祝愿新媳妇早生贵子，这是娘家人对已出嫁女儿最诚挚的祝愿。而婆家除隆重接待宴请来宾贵客之外，当晚还必须举行赞唱，玩闹“打甑盖”的活动[1]。

特色婚礼

除上述婚礼形式以外，另外还有一些别具一格的婚礼。这些形式与上述婚礼形式皆有不同，堪称特色婚礼。

鄂温克人的婚礼不是在室内举行，而是在野外举行。婚礼前，他们就在清理过的河滩谷地上燃起一堆他们称之为“欢乐之火”的篝火。由一位主持婚礼的长者宣布婚礼开始，先让新人向火献祭，接着让他们给父母敬酒，最后新郎、新娘互相拥抱接吻，手挽手和所有参加婚礼的男女老少拉成一个大圆圈，载歌载舞。这种歌舞，鄂温克人叫

① 赖德劭、黄运兴：《赣南客家婚俗——送灯打甑盖》，《东南文化》，1993（1）。

"欢乐之火"舞。大家在歌舞中纵情欢乐，兴尽而归①。

台湾澎湖列岛的将军岛上的婚礼，简单得几乎没有什么仪式。新郎通常是在凌晨二至三时由媒人陪着到女家，然后，新郎就牵着新娘的手往回走，媒人非常知趣地远远跟在后面。新郎新娘沿途有说有笑，如胶似漆，慢腾腾地，像情侣散步一样。当回到家里进入洞房时，已到凌晨三四时了，婚礼也就算结束了②。

阿细人的婚俗，分男女双方同住一个村庄和各住一个村庄两种。同住一个村庄的男女青年，到结婚的这天早上，男青年身着崭新的衣服，挑上一担清澈的凉水到女家来求婚。女方父母不同意时，就不让小伙子担水进门；同意，便叫女儿开门迎接，让他把水倒进缸里，并让女儿带他到地里劳动或上山砍柴。中午时分，男子扛上一根木头，女子背起一背柴火，双双回家认亲。吃过晚饭，男子告别女方父母，领上女子回男家，这就算成亲了。阿细人把这个叫做"一担清水定终身"③。

山东有"服内成亲"这种特殊的婚礼形式。按旧礼俗

---

① 孙加臣：《我国少数民族婚俗中的火》，《云南消防》，1997（6）。

② 石柱国：《台湾婚俗奇观》，《现代交际》，1996（7）。

③ 普忠良：《阿细人的婚姻习俗》，彝族人网。

规定，身有父母或祖父母的孝服，是不能举行婚礼的。但有的人家婚期临近，忽然遭遇丧事而又来不及改变婚期，只好服内成亲。这时婚礼一切要从简，用花轿把新娘娶来后，即脱下吉服，换上丧服守孝。有的女方父母直接让男方把花轿抬至坟地，等下葬后，新娘脱去孝服，换上吉服，娶回男家。这叫做“乘凶纳妇”，据说这样反而会带来吉祥。现在虽大多不在父母丧期内结婚，但确实没有从前那么多的讲究了[①]。

广东潮州的“走贼日”习俗与“服内成亲”颇为相似，是在死者未出殡之前，提前把对象娶过来；但不能称她为“新娘”，而只能称为“孝妇”。婚礼本应一派热闹，而丧礼却处处悲凄，这让来宾最是为难，往往不知怎样应付。因此便有不少这样的婚丧哭笑合一的趣联流传。如：

红喜事白喜事红白喜事，哭不得笑不得哭笑不得。

来一口去一口来去无损，哭三声笑三声哭笑皆非。

遇丧事行婚礼哭乎笑乎细思想哭笑不得，辞灵柩入洞房进耶退耶再斟酌进退两难。[②]

---

① 山曼等：《山东民俗》，山东友谊出版社，第202页，1988。

② 《潮州人的人生礼俗》，南方网。

在特殊历史时期也有特殊的婚礼形式。20世纪50年代，广西钟山县汉族地区贯彻《婚姻法》，只要男女双方同意，到政府办了结婚登记手续，即可结婚。不讲彩礼，大多不办酒席，新人只在农会中给青年人讲一讲自由恋爱的经过，就算完成结婚仪式。部分家庭执意办酒席，也比较简单①。

20世纪60—70年代，也产生了一些特殊的婚嫁仪式。有的在劳动工地上穿着工作服，由临时负责人安排一对新人站在一起，向毛主席像三鞠躬，向围观的群众三鞠躬，背诵毛主席语录，高唱《东方红》或《大海航行靠舵手》的歌曲后，由单位领导简单地讲几句表示祝贺的话，在大伙儿的欢声笑语中，婚礼就算告成。也有的新娘自己背着行李走到婆家，新郎与家人亲友在大门外迎进房内，向正面墙上的毛主席像三鞠躬后，大家分吃点糖果，新娘就算过门了②。20世纪70年代末期以后，这种婚嫁仪式渐渐消失，传统的婚礼形式又逐渐回归。

---

① 广西壮族自治区地方志编纂委员会编：《广西通志·民俗志》，广西人民出版社，第239页，1992。

② 刘曙升：《沂源民俗》，人民日报出版社，第117页，2002。

第五章

改嫁、离婚及特殊婚姻形态

改嫁与离婚习俗

在汉族地区，一般来说，旧社会寡妇改嫁和妇女离婚再嫁在封建伦理道德观念的束缚下，是相当困难的，不仅妇女本身顾虑重重，而且还要受到来自婆家、娘家和社会舆论的重重阻挠。寡妇改嫁，几乎没有什么婚礼可言，多由丈夫于夜间用车载至男家。山东莱阳的寡妇改嫁时，无人愿给她们写婚书。据说为寡妇写婚书有损阴德，因此丈夫只好夜间用驴骡将新娘接回家去。鲁南寡妇再嫁一般是偷偷地进行，不摆喜酒，不大张旗鼓地宣告。在沂蒙山区和曲阜等地，寡妇再嫁如果走漏了风声，在结婚的晚上，别人可以结伙在中途拦劫，抢回村中给本村的光棍成亲。

这种抢寡妇的习俗，俗称“打滚”[1]。潮州寡妇再婚时不但仪式简单，而且不能在娘家或者婆家出嫁，必须走到另一个地方等待夫家来接。

寡妇再嫁，在个别少数民族地区也有或多或少的限制，人们对寡妇再嫁多少还是有些鄙视。壮族寡妇的改嫁尽管是允许的，但仪式十分凄凉，从亡夫家出来只能走后门。畲族男子中年丧妻一般都要续娶，亡夫的寡妇也可再嫁，但其仪式已不如第一次娶亲或第一次出嫁那么隆重[2]。高山族泰雅人规定寡妇要为亡夫禁婚一年，鳏夫则只须为亡妻守丧三个月就可再婚[3]。毛南人有关寡妇改嫁的规定较为宽松，寡妇在毛南人中不仅得到同情而且改嫁也很自由，只是再嫁前必须办清一切手续，不得把财产带走，并且不举行仪式，只由夫家备酒宴客而已。寡妇的子女要留在亡夫家，如亡夫没有亲人，可以带走子女作“随娘子”抚养。当然她也可以转嫁小叔，俗称“填房”，也叫叔嫂婚，但并

---

① 山曼等：《山东民俗》，山东友谊出版社，第201页，1988。

② 《畲族的婚恋习俗》，中国民俗网。

③ 《高山族的婚姻仪礼》，《话说台湾》，中国台湾网。

非强制[1]。

随着社会的发展和进步，寡妇改嫁不仅受到法律保护，同时政府提倡寡妇改嫁；甚至有不少公婆动员寡媳改嫁，宁愿自己抚养孙子孙女，也不愿让儿媳终身守寡。女方的娘家人普遍支持女儿再嫁，传统观念上的障碍已经消除了。

潮州习俗，当男子死了妻子后再次结婚，新娘被称为“接枝”。过去，“接枝”新娘进门后要去拜祭丈夫的亡妻。新妻子“头返厝”要回“先氏姐”的娘家，拜见她的双亲，并认作父母，然后方可回自己的娘家[2]。山西吕梁把男子丧妻后娶初婚女子为妻称为“补后”，婚姻仪式与一般婚礼相同；不同的是，男方前妻娘家要择日请补后的女子，作为“续女”。补后女子以后参加亲友婚嫁时，不能迎送新娘，也不能陪伴新人吃饭[3]。

夫妻婚姻关系的解除，除了一方死亡以外，还有离婚

---

① 石毅刚：《黔南毛南族婚俗的初步调查》，《黔南民族师专学报》（哲社版），1994（2）。

② 《潮州人的人生礼俗》，南方网。

③ 白占全：《吕梁民俗》，北岳文艺出版社，第38页，1998。

这种形式。过去，许多地方是男子掌握着离婚的主动权，所谓“嫁鸡随鸡，嫁狗随狗”，离婚称为“出妻”、“休妻”，为此写出的文书凭证也叫“休书”。其他离异方式几乎没有，离婚之说也极少听闻。20世纪50年代以后，男女婚姻平等，根据法律男女都可提出离婚，俗称离婚为“打离婚”。离婚在一些地方被视为很不体面的事。蒙古族俗话说“只有死别的，没有生离的”。离婚现象也很少，婚姻关系比较稳定。人们一旦要离婚，还要受到惩罚。

山东某些地方的农村有一种“离婚不离家”的习俗，即女子离婚以后，仍在前夫家独屋居住，极少再嫁。四川地区流行一种叫做“生人妻”的婚姻形式，是一种离婚后再嫁的习俗。这种风俗一般都发生在贫穷的人家。在这种家庭，由于夫妻不和，再加上生活过不下去，妻子往往丢下丈夫和儿女离家出走他乡，不需要任何手续就可以改嫁他人，因而叫做“生人妻”。这种事实上的离婚，是由于环境的原因造成。这也是下层社会贫苦人家无奈的选择[①]。

---

① 长江水利网：首页 > 长江文化 > 民俗风情 > 婚丧礼俗。

特殊婚姻形态

上文所描述的仪式是通行的婚姻，即聘娶婚所采取的程序，以男娶女嫁为主要形式。另外还存在着一些特殊的婚姻形态，也被认为合乎婚姻制度的基本规范，只是根据社会历史状况与家庭生活的实际条件和特别需要而加以变通而已。和一般婚姻形态相比，不仅在择偶方式上不同，有些在婚礼程序上也与一般形态有所区别，或者进行简化，或者稍加改造。大体说来，有以下几种特殊婚姻形态。

一、一妻多夫、一夫多妻

我国历史上曾经存在过一夫多妻的婚姻制度。除了一夫多妻以外，居住在西藏的许多民族中还有一妻多夫的婚姻形式，如藏族、门巴族、珞巴族，他们主要集中在喜马拉雅山脉周边地区。应该说，这是长期以来西藏自然地理环境和宗教、政治、经济、文化的产物。在一夫多妻家庭中，姐妹共夫，地位平等，无妻妾之分，无贵贱之分。而一妻多夫的家庭一般是兄弟共妻，也有极少数是朋友共妻[①]。如果兄弟中间有人爱上了别的女人，大家就会把他“嫁”出去——这会遭到全村的耻笑，因为他在逃避扶持一个大家庭的责任[②]。

喜马拉雅山区的夏尔巴人还有两兄弟同妻的婚姻形式。妻子有自己的住房，并设有大床，两兄弟丈夫各有自己的住房，谁与妻同宿，或由两夫决定，或由妻子决定。如果有弟兄四人，那么，习惯老大与老二同一妻，老三与老四另同一妻。婚礼是两个新郎与新娘三人一起举行[③]，这与藏族、门巴族又有所不同。

二、不落夫家

不落夫家这一婚俗，或称“不落家”、“不坐家”、“坐娘家”、“走媳妇路”等，乃是广西壮、瑶、仡佬、苗、侗等少数民族，以及福建惠安、云南、四川等地的纳西族和海南的黎族中存在的一种传统婚俗。其具体表现在各民族中并不全然一致，但有其共同的基本点，即：女子婚后

① 李涛、江红英：《西藏民俗》五洲传播出版社，2004。

② 德芳：《神秘川藏部落的婚俗》，《农业知识》，2005（16）。

③ 刘志群：《夏尔巴人生活习俗及其婚俗》，《西藏民俗》，2003（4）。

并不马上留在夫家生活，而是返回娘家居住相当长的一段时间。此段时间，或一两年，或七八年，甚至更久；一般是在生孩子后方才到夫家“落户”。在不落夫家这段时间里，女子隔数月回夫家一次，住一两天又返回母家[1]。山东昌邑也存在这种婚姻形式，名为“住娘家”，20 世纪 80 年代初逐渐消失。

不过，随着社会的进步与发展，这一婚姻形式正在逐渐改变。布依族正由“不坐家”向“坐家”转变；即使“不坐家”，在娘家的时间也不长，至多不过一年就回夫家居住了[2]。如今，苗族有的青年男女一结了婚，妻子就长期住在夫家了[3]。现在，南侗从江县小黄寨的姑娘结婚当天就住到夫家了，只是生了孩子以后才把嫁妆从娘家拿到夫家来，算是彻底“坐家”[4]。

三、服务婚

台湾泰雅、布农、邹、赛夏、鲁凯和平埔等少数民

---

① 杨东甫：《广西少数民族不落夫家婚俗的道德评价》，《广西师院学报》（哲学社会科学版），1999/(1)。

② 庞玲、曹银孝：《布依族婚俗》，《今日民族》，2002（12）。

③ 万昌盛：《奇异的苗族婚俗》，《华夏文化》，2004（1）。

④ 宁方华：《小黄寨的小歌与婚俗》，《中国音乐》，2005〔3〕。

族，有以帮助姑娘家劳动作为聘礼替代物的习俗，时间长短由女方家长决定。因此，劳役的实施大都在婚前，也有的延续到结婚后生育第一胎孩子为止。泰雅族的小伙子在得到姑娘的允许建立了恋爱关系，但女方父母还没有允许之前，他要到女家去义务劳动约6个月。如女方父母满意，便约定举行婚礼的日期。鲁凯族认为，婚前乃至婚后，男子为女家服劳役是理所当然的事，不论嫁娶婚或招赘婚，都没有例外。这一类的劳役婚，若就最终的居住方式而言，他们都是从夫居的嫁娶婚，而其实质在于以劳力代价代替实物聘礼。布农族如果男子无力娶妻，或女方没有子嗣，男子就到女家去为女家耕种或从事其他劳作，成婚后仍继续住在女家而实行招赘婚[①]。这种婚姻形式，民族学家称为劳役婚，畲族的“服务婚”与此类似。

四、转房婚

转房又称“收继婚”。许多地方都有这样的婚俗，配偶

---

① 张崇根：《台湾少数民族的婚姻习俗》，《中央民族大学学报》，1994（2）。

去世后，女人可嫁给丈夫的兄弟，叫夫兄弟婚；男人也可以娶妻子的姐妹，叫妻姐妹婚。一般来说，夫兄弟婚多于妻姐妹婚。除了小叔接嫂、兄接弟媳外，也有伯叔接侄媳等非常规的收继婚。转房婚可以节约大量的聘娶费用，这是它曾经广泛存在的原因之一，同时子女也可以得到较为妥善的照顾。但在畲族，就有寡嫂与叔叔不得结婚的规定，认为“大哥为父，大嫂为娘”，结婚是不合常理的，不但本村老人反对，而且外村同族的人也可以抢婚[①]。

五、走婚

走婚，或称“走访婚”、“阿注婚”，在摩梭人中十分流行，其他民族也有此种婚姻形式。男女青年在举行成年仪式后，就可以参加社交活动，开始了物色“阿注”的过程。阿注关系的建立并不受家庭经济和个人社会地位的约束，而个人智慧和身体条件如健康状况、外貌等方面可以决定能否建立阿注关系。双方只要情投意合，即可建立阿注关系，开始走婚。男不娶，女不嫁，男人夜来晨走，男

① 《畲族的婚恋习俗》，中国民俗网。

女自由结合；男子入女家不定期偶居，所生子女随母家，跟母姓，由母抚养；男方不负任何经济责任，离合自由，男女之间并不建立固定的小家庭。云南宁蒗县地区部分残留母权制的普米族中，也存在走访婚。不过，普米族随着长期阿注婚姻的趋向稳定，“生父”与子女的联系也随之增强，于是产生了父亲的观念，在走访婚中出现了“认子”这一新的风俗①。

六、招赘婚

在大多数汉族地区，“招郎入赘”是被人看不起的婚姻类型，俗称为“招养老女婿”、“倒插门女婿”——男子跟随妻子居住，同时也继承女方家产，过去还有改姓妻姓的情况。上门女婿的地位很低，但凡有办法娶来媳妇，都不会走这一步。汉族家庭在没有儿子时，才让女孩在家招郎，极少有让儿子到别人家做上门女婿而女儿在家招郎的情形。客家人更是极少入赘。潮州过去入赘女婿在女方家族中地位极低，死后的家神牌位不准放在女方家族祠堂的龛上，只能迁回男方本家族祠堂。正如潮汕俗语所说：

---

① 《普米族的婚恋习俗》，中国民俗网。

“后生分人招，食老归返乡。”[①]

相比之下，一些少数民族在招赘婚上的观念就较为开放和达观。藏族历史上就有招婿的习俗，素有“赶走儿子招女婿”的说法[②]。畲家的上门女婿入赘时，女方还要给男方送礼或给一定数量的钱，作为赡养男方父母的养老金；婚礼仪式与娶媳妇基本相同，不同的是女婿很少有嫁妆[③]。

20世纪50年代以后，男尊女卑的观念有所消除，男女平等的风气逐步建立。因此，婚俗上入赘的习俗也发生了变化，男子入赘到女家，在法律上也保持了同样的继承权。

七、结鬼亲

冥婚，亦称“结鬼亲”或“鬼婚”，牵线的则是“鬼媒人”，是一种为死人缔结婚事的婚嫁形式。冥婚也须双方家长议定，有一定的婚约形式，正式缔为姻亲。举行婚礼时，

---

① 《潮州人的人生礼俗》，南方网。

② 马旦智：《情趣盎然的藏族婚姻习俗》，《西北第二民族学院学报》(哲学社会科学版)，1993 (3)。

③ 《畲族的婚恋习俗》，中国民俗网。

男方用花轿和棺材去女家迎接女尸，由男家晚辈抱牌行礼，然后把男女尸体合葬于棺内。山东临清冥婚多于清明节时举行仪式，移坟合墓。结为冥婚后，有些地方双方家庭亲戚往来如同正常婚姻，有些则不再有任何往来[①]。江苏海州把未婚男女同穴合葬，还要陪葬些胭脂花粉，如同办喜事。此后两家结亲，逢年过节互相走动，当地俗称“做阴亲”[②]。

八、试婚

在喜马拉雅山区夏尔巴人的舍尔巴种姓中，有一种试婚的形式。女孩有了结交男友的权利以后，就可以让自己的意中人到小木楼来夜宿。住了一段时间后，双方如果满意，便由男方托媒向女方父母送几钵米酒，算正式订婚，此后未婚夫可公开住在姑娘的小木楼里。如果任何一方感到不满意，招呼一声就算解除婚约，男方得立即离开小木楼。不过，多数男女一般都能顺利地进入生孩子的阶段。有了孩子，男女双方才宣布互相为从属关系，并通过一定仪式正式确定夫妻关系。如果小两口之间出现感情危机，

---

① 山曼等：《山东民俗》，山东友谊出版社，第201—202页，1988。

② 刘兆元：《海州民俗志》，江苏文艺出版社，第71页，1991。

通过协商，丈夫付给妻子一笔孩子的抚育费，便可离开女方，或者把孩子带走。如果能继续和睦相处，那么可以确立终身伴侣关系，女方带着孩子移居夫家，再举行隆重的婚礼①。这种试婚的风俗，在广东揭西县边远山区的个别农村也存在着。

九、假婚

彝族有一种假婚的风俗。人们认为，十七岁是一个特殊的年龄，是女人生命历程中从童年走向成年的分水岭，在十七岁上出嫁是最为理想和最为吉利的。十七岁以后，即使没有出嫁，不能再参加家里的各种祭祀活动，而被视为家庭成员以外的姻亲了。歌谣《妈妈的女儿》唱道："姑娘十七岁，产业不在家……家中粮食有九囤，没有女儿一颗粮。"如果因种种原因，没有合适的人家前来提亲迎娶，姑娘到了十七岁或虽尚未满十七，但在已来了月经时还没有结婚，家里就须根据本人的生育年相，把她"嫁给"锅庄、石磨、梯子、门槛之类的家庭用具，仿照正式婚礼程序，举行假婚仪式。

---

① 刘志群：《夏尔巴人生活习俗及其婚俗》，《西藏民俗》，2003（4）。

彝族认为假婚仪式也同正式婚礼一样，要郑重其事，因此事先须请毕摩推算吉日择定佳期举行。仪式由女孩的母亲或一位子孙兴旺的长辈妇女主持。仪式只请女性亲戚、女孩的女友和老年妇女参加，禁止男性参加和观看。由主持仪式的妇女抱住牲畜在“新娘”的头上转几圈，并向她祝福，给“新娘”梳头，穿上成年百褶裙。整个“婚礼”过程肃穆宁静。仪式结束后，“新娘”自此告别童年时代，走向新的生活[①]。

---

① 阿措色子：《彝族婚姻礼仪与婚俗》，http://www.hbzxbt.org/html/2005-9/200599161443.htm，火把文化之乡-布拖 >> 民俗风情，2005。